日本語能力試験
模試と対策

The Japanese Language Proficiency Test
Practice exams and strategies N2
日语能力考试 模拟试题 与 考试对策 N2
일본어능력시험 모의시험 및 대책 N2

新JLPT研究会 著　アスク出版編集部 編

はじめに

　日本語能力試験が2010年7月から変わりました。本書では、これから日本語能力試験を受験する日本語学習者に向けて、新試験に対応した模擬試験2回分（CD2枚付）を用意しました。

　日本語能力試験で高得点を取って合格するためには、本番前に自分の弱点を知り、実際の試験のときに、どこにどれだけの時間をかけたらいいのか、心の準備をしておく必要があります。本書の模擬試験を体験することで、本番で十分な力が発揮できるようになるでしょう。

　本書の特徴は以下の点です。

* 模擬試験2回分（CD2枚付き）が入っています。
* 2010年からの日本語能力試験の試験問題に完全対応しています。
* 各問題を解く時間の目安を示しています。
* 解答には丁寧な解説（日本語・英語・中国語・韓国語）が付いています。
* 解説のあとには「言語知識・聴解」で得点を取るための対策（日本語・英語・中国語・韓国語）が書いてあります。

　模擬試験だけではなく、解説・対策まで入っている本書を、ぜひ本番の日本語能力試験の前に活用してください。そうすれば、試験の得点アップだけではなく、あなたの日本語力の向上につながり、日本語の世界を今よりもっと楽しむことができるでしょう。

アスク出版編集部

この本の使い方

≫ この本の特徴

1: この本は実際の日本語能力試験N2と同じ問題数で作られた模擬試験の本です。模試が2回分、CDが2枚付いています。

2: それぞれの問題にかける目安の時間を時計マークの下に示しました。この時間どおりに問題を解くと、わからなかった問題に戻って考える時間があります。

3: 第1回目の模試が終ったら、各分野(「文字・語彙・文法」「読解」「聴解」)ごとに点数を出してみましょう(60点満点)。80%(この本の基準で48点)以上の得点が取れていなかったら、そこがあなたの苦手な部分です。

4: 解答のあとには丁寧な解説があります。なぜ間違えたのか、解説を読んで考えてみましょう。

5: 苦手な分野に関しては、別冊の最後に対策もついています。点数が低かった分野は対策に従って、勉強してみましょう。

≫ 模試に挑戦する前の注意！

時間が勝負！

1: 時間を計って解きましょう。

2: N2は「文字・語彙・文法・読解」で105分、「聴解」が50分です。最初の「文字・語彙・文法」に時間がかかると、「読解」にかける時間がなくなってしまいます。最初に全部の問題を見て、時間配分を考えましょう。

3: わからない問題は飛ばして、あとから解きましょう。どの問題を飛ばしたのか、あとから見てわかるように、印をつけておきましょう。

上の内容は6~8ページに、English translation、中文翻訳、한국어번역があります。

この本の使い方

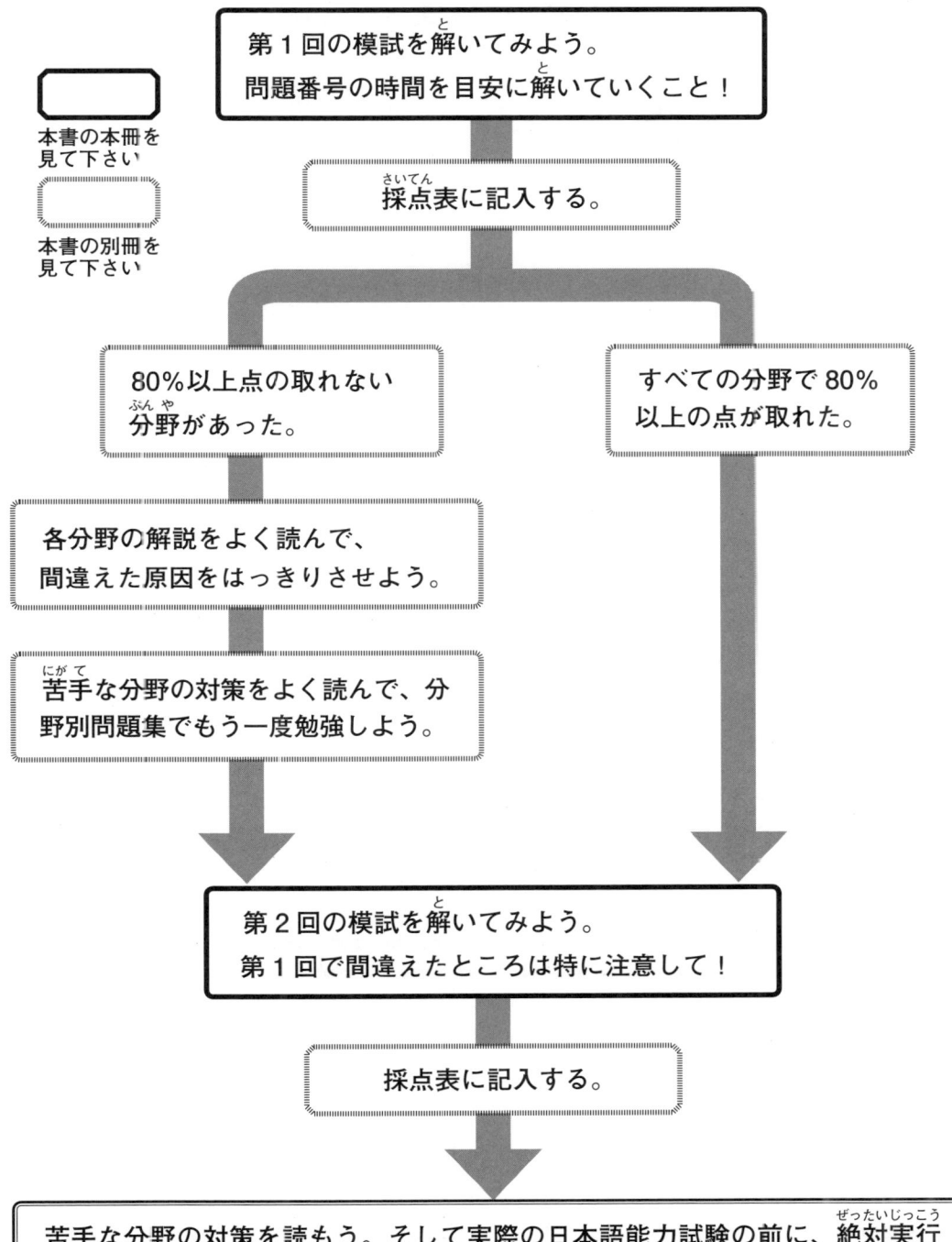

Using this book

≫ Features of this book

1: The practice tests in this book contain the same number of questions as the actual Japanese-Language Proficiency Test N2. There are two different practice tests, with a CD for each.

2: The questions on each practice test feature a time marker that specifies how long you should spend on that question. Answering each question within the indicated time will allow you to go back and review your answers after you finish.

3: When you finish the first practice test, calculate your score (perfect score is 60 points) for each part of the test ("Language Knowledge" , "Reading Comprehension" , and "Listening"). Sections for which you fail to score at least 80 % (48 points according to this book's scale) represent the areas where you need to improve.

4: Each answer is followed by a detailed explanation. Make sure to read the explanation for each question you missed and try to figure out why you were unable to determine the correct answer.

5: The end of the additional booklet that comes with this book contains a few pages devoted to test taking strategies and study methods. Read the information provided here and try to master the sections on which you got a low score.

≫ Things to note before tackling the practice tests

The test is a race against the clock!

1: Keep track of the time as you answer the questions.

2: On the N2 test there are 105 minutes for the "Language Knowledge" and "Reading Comprehension" parts, and 50 minutes for the "Listening" part. Be careful not to spend too much time on "Language Knowledge" , otherwise you will be unable to devote enough attention to the "Reading Comprehension" questions. Look over all of the questions before you begin and think about how to manage your time.

3: Skip the questions that you find difficult and answer them later. Don't forget to clearly mark the questions you skipped.

本书的使用方法

≫ 本书的特征

1: 本书是和实际的日语能力测试 N2 以同样的问题数作成的模拟试题。模拟试题共分 2 套，并附有 2 张 CD。

2: 用时钟的标记来表示了解答各部分题目最适宜的时间。只要在这个时间内解答的话，还有回头考虑没有做出来的题目的时间。

3: 在做完第 1 套模拟题之后，计算下各部分（「文字・词汇・语法」「阅读理解」「听解」）的得分（60 分满分）。如果没能拿到 80%（本书的基准点 48 分）以上的得分，就说明那是你较弱的部分。

4: 答案的后面都有详细的解说。看解说来分析自己为什么做错了的。

5: 对于不拿手的部分，附录的最后还有解题对策。得分较低的部分，对照着解题对策，试着学学看吧。

≫ 挑战模拟题前的注意点！

时间是关键！

1: 计算好时间再作解答。

2: N2 的时间分配是「文字・词汇・语法・阅读理解」105 分钟，「听解」50 分钟。如果在一开始的「文字・词汇・语法・阅读理解」上花费太多时间的话，用于「听解」的时间就会变少。所以要在开始将题目大致看一遍，考虑如何分配时间。

3: 遇到不会的题目先放一放，之后再作解答。而为了之后能一看就知道哪道题没做的话，最好在那道题上做个记号。

이 책의 사용법

≫ 이 책의 특징

1 : 이 책은 실제의 일본어능력시험 N2와 같은 문제수로 만들어진 모의시험입니다. 모의시험 2회분 CD 2장입니다.

2 : 각 문제를 풀기 위한 모범시간을 시계 마크로 표시했습니다. 이 시간대로 문제를 풀면 모르는 문제를 다시 풀 수 있는 시간이 있습니다.

3 : 제1회 모의시험을 마친 후 각 분야(「문자·어휘·문법」「독해」「청해」)별로 점수를 내 봅니다(60점 만점).
80%(이 책 기준으로 48점)이상의 득점이 아니면 그 부분이 약한 것입니다.

4 : 해답 뒷부분에 자세한 해설이 있습니다. 왜 틀렸는지 해설을 읽고 생각합니다.

5 : 약한 분야에 대해서는 별책의 마지막 부분에 대책도 있습니다. 점수가 낮은 분야는 대책에 맞춰 공부를 합니다.

≫ 모의시험에 도전하기 전의 주의점!

시간이 승부!

1 : 시간을 재면서 풉니다.

2 : N2는「문자·어휘·문법·독해」가 105분「청해」가 50분입니다. 앞부분의「문자·어휘·문법」에 시간을 소비하면「독해」에 들일 시간이 부족해집니다. 제일 먼저 문제 전체를 훑어보고 시간 배분을 생각합시다.

3 : 모르는 문제는 나중에 풉니다. 나중에 풀려고 한 문제는 나중에 보아도 알 수 있도록 표시를 해 둡니다.

▶もくじ

はじめに	3
この本の使い方	4
新しい「日本語能力試験」N2について	10
N2問題の構成	11
問題の説明	14
模試　第1回（言語知識・読解）	29
模試　第1回（聴解）	61
模試　第2回（言語知識・読解）	73
模試　第2回（聴解）	105
聴解スクリプト	117
マークシート（第1回）	151
マークシート（第2回）	153
マークシート（予備1）	155
マークシート（予備2）	157

別冊
解答・解説・対策

新しい「日本語能力試験」N2について

※以下の内容は『新しい「日本語能力試験」ガイドブック概要版と問題集　N1、N2、N3編』(独立行政法人　国際交流基金、財団法人　日本国際支援協会)の情報をもとに作成しています。

※ The content below was created based on information from The New Japanese Language Proficiency Test Guidebook: Overview and Test Questions N1, N2 and N3 (The Japan Foundation, Japan Educational Exchanges and Services).

※下面的内容是以『新「日语能力测试」指南概要版及问题集 N1, N2, N3 篇』(独立行政法人　国际交流基金，财团法人　日本国际支援协会)的信息为依据作成的。

※이하의 내용은『새로운「일본어능력시험」가이드북 개요판과 문제집　N1, N2, N3 편』(독립행정법인 국제교류기금，재단법인 일본국제지원협회)의 정보를 기초로 작성한 것입니다．

≫ 試験日
年2回（7月と12月の初旬の日曜日）
※海外では7月の試験を実施しない国・地域があります。

≫ レベルと認定の目安
レベルが4段階（1〜4級）から5段階（N1〜N5）になりました。
2級 ➡ N2…2009年までの試験の2級とほぼ同じレベルです。

≫ 試験科目と試験時間

N2	言語知識（文字・語彙・文法）・読解	聴　解
	105分	50分

≫ 得点区分と配点

N2	言語知識 （文字・語彙・文法）	読解	聴　解
0〜180点	0〜60点	0〜60点	0〜60点

≫ 合否の判定／Passing or failing the test／合格与否的判定／합격판정

　総合得点と、各得点区分の基準点の二つで合否判定を行います。基準点とは、各得点区分（言語知識／読解／聴解）で少なくともこれ以上が必要という得点です。得点区分の得点が一つでも基準点に達していない場合は、総合得点がどんなに高くても不合格になります。

　The new test features two scoring systems that are used to determine whether you pass or fail: the overall score, and the minimum acceptable score for each scoring section. To pass each scoring section (Language Knowledge/Reading Comprehension/Listening), you must get at least the minimum acceptable score. Regardless of how high your overall score is, if you are unable to clear the minimum acceptable score for one section, you will fail the entire test.

　是以综合得分和各部分得分的基准点的2部分来判定。所谓基准点，就是在各部分（言语知识阅读理解听解）之中，需要取得的最少得分。哪怕其中只有一项没能达到基准点，不管你的综合得分如何高，也不能合格。

　종합 득점과 각 득점 구분의 기준점 두가지로 합격 판정을 합니다．기준점이란 각 득점 구분 (언어지식 / 독해 / 청해) 에서 적어도 이 이상은 필요하다고 하는 득점입니다．득점 구분의 득점이 하나라도 기준점에 달하지 않은 경우는 종합 득점이 아무리 높아도 불합격입니다．

N2 問題の構成

試験科目 (試験時間)			大問	小問数	解答の 目安	ねらい
言語知識・読解 (105分)	文字・語彙	1	漢字読み	5	約2分	漢字の読み方を問う
		2	表記	5	約2分	ひらがなで書かれた漢字の書き方を問う
		3	語形成	5	約2分	派生語や複合語の知識を問う
		4	文脈規定	7	約3分	文脈で意味的に規定される語を問う
		5	言い換え 類義	5	約3分	出題される語や表現と意味的に近い語や表現を問う
		6	用法	5	約5分	出題語の文中での使われ方を問う
	文法	7	文の文法1 (文法形式の判断)	12	約6分	文の内容に合った文法形式かどうかの判断を問う
		8	文の文法2 (文の組み立て)	5	約6分	統語的に正しく、意味が通る文を組み立てることができるかを問う
		9	文章の文法	5	約6分	文章の流れに合った文かの判断を問う
	読解	10	内容理解(短文) 200字程度	5	約10分	200字程度のテキストを読んで、内容が理解できるかを問う
		11	内容理解(中文) 500字程度	9	約15分	500字程度のテキストを読んで理解できるかを問う
		12	統合理解	2	約10分	複数のテキスト(合計600字程度)を読み比べて理解できるかを問う
		13	主張理解(長文) 900字程度	3	約10分	社説・評論など900字程度のテキストを読んで、主張や意見がつかめるかを問う
		14	情報検索 700字程度	2	約10分	情報素材(700字程度)の中から、必要な情報を探し出すことができるかを問う
聴解 (50分)		1	課題理解	5	約8分	具体的な課題解決に必要な情報を聞き取り、次に行うべき行為を問う
		2	ポイント 理解	6	約12分	事前に示されている聞くべきことをふまえ、ポイントを絞って聞けるかどうかを問う
		3	概要理解	5	約10分	テキスト全体から話者の意図や主張などが理解できるかを問う
		4	即時応答	12	約7分	質問などの短い発話を聞いて、適切な応答ができるかを問う
		5	統合理解	4	約8分	長めのテキストを聞いて、複数の情報を比較・統合しながら、内容が理解できるかを問う

＊ 「小問数」は毎回の試験で出題される目安で、実際の試験での出題数は多少異なる場合があります。
また小問数は変更される場合があります。

≫「言語知識」のポイント

　「105分」の中で、問題を解く時間は「90分」程度で、残りの「15分」を見直しやわからなかった問題を改めて考える時間に回すといいでしょう。

　今までの日本語能力試験（以下「旧試験」）より問題数が少なくなった語彙問題は、はやく終わらせましょう（約17分程度）。文法問題は例題や問題文をよく読んでから回答するようにしましょう。

　「文章の文法」や「読解文」などを見ると、「旧試験」に比べて読まなければならない文字数が増えています。前の「文字・語彙」、「文の文法」に時間をとられず、「文章の文法」、「読解」に半分以上の時間をかけられるようにしたほうがいいでしょう（約55分程度）。

≫ Key Points for Language Knowledge

　There is a total of 105 minutes for this part of the test. Spend around 90 minutes answering the questions in each section, and then use the remaining 15 minutes to review your answers or go back to questions that you had trouble understanding.

　The new test contains fewer vocabulary questions than the old Japanese-Language Proficiency Test (hereafter referred to as the "old test"), so do your best to answer these questions as quickly as possible (about 17 minutes) and move on to the other sections. For the grammar questions, always remember to look at the examples provided and carefully read each question before answering.

　Avoid spending too much time on the "Kanji Reading and Vocabulary" and "Sentential Grammar" sections. Compared to the old test, the "Text Grammar" and "Reading Comprehension" sections contain more material that you must read. Spend at least half of your time (about 55 minutes) answering the questions in these two sections.

≫「言语知识」的注意点

　在「105分钟」之中，要能做到「90分」用来解答，剩余的「15分」用来检查或是考虑之前没做出来的题目。

　比以往的日语能力测试（下称：旧能力测试）的题目要少的词汇部分的题目，要快点做完。（约17分钟左右）。语法题要在仔细阅读例题或问题后作解答。「文章的语法」和「阅读理解文章」这部分，比起旧能力测试来，需要阅读的字数增加了。

　不要在前面的「文字・词汇」，「句子的语法」的题目中花太多时间，要能分配一半以上的时间到「文章的语法」，「阅读理解上面较好（约55分钟左右）。

≫「언어지식」의 포인트

　「105분」중에 문제를 푸는 시간은「90분」정도로 나머지「15분」을 체크나 모르는 문제를 다시 푸는 시간으로 쓰면 좋습니다.

　종래의 일본어능력시험 (이하「구시험」) 보다 문제 수가 적어진 어휘 문제는 빨리 푸는 것이 좋습니다 (약 17분정도). 문법문제 를 예제나 문제를 잘 읽고 나서 답하도록 합니다.

　「글의 문법」이나「독해문」등을 보면「구시험」에 비해 읽어야 할 문자 수가 늘었습니다.

　「문자・어휘」,「문의 문법」에 시간을 뺏기지 말고「글의 문법」,「독해」에 반 이상의 시간을 투자할 수 있도록 하는 것이 좋습니다 (약 55분 정도).

≫「聴解」のポイント

「聴解」は「50分」中、解答時間は「45分」程度で、残り「5分」を見直す時間に回すといいでしょう。「問題4 即時応答」は、普段、日本語のドラマやマンガなどに接していれば、それほど難しくないはずです。「問題5 統合理解」は長い話を聞いたあと、その内容を比較しなければならないので、かなり難しい問題になることが予想されます。日本語のニュースや2、3人の人が話す番組などを聞いて、長い発話、複雑に展開する会話の内容を把握する練習をしておくといいでしょう。

≫ Key Points for Listening

The listening part of the test lasts for 50 minutes. Allow yourself around 45 minutes to answer the questions, and then spend the last 5 minutes looking over your answers. If you regularly expose yourself to Japanese used in manga or dramas shown on television, you should have no trouble flying through "Section 4 Quick Response". In contrast, you will probably find the questions in "Section 5 Integrated Comprehension" to be extremely challenging. These questions require you to listen to an extended passage and compare the different items of information that are presented. The best way to prepare for tackling these questions is to watch the news in Japanese or watch programs in which two are three people are discussing the same issue. This will help you practice listening and understanding long utterances, as well as following the complex development of conversations on difficult topics.

≫「听解」的注意点

「听解」的「50分钟」之中，要能做到解答时间在「45分钟」左右，剩下的「5分钟」用来检查为好。例如像「问题4 即时应答」，只要是平时接触了日本的电视剧或是漫画的话，应该不是很难。但「问题5 综合理解」因为是要在听完长文之后，比较其内容，所以可以推测这道题会很难。这就需要从平时多听日语新闻和2，3个人对话的节目等等，练习理解长而又变化多端的会话内容。

≫「청해」의 포인트

「청해」는「50분」으로, 푸는 시간을「45분」정도로 하고 나머지「5분」을 체크하는 시간으로 사용하는 것이 좋습니다.「문제4 즉시응답」은 평소 일본어 드라마나 만화 등을 접하면 그다지 어렵지 않을 것입니다.「문제5 통합이해」는 긴 문장을 들었을 때 그 내용을 비교하지 않으면 안되므로 꽤 어려운 문제가 될 것으로 예상됩니다. 일본어 뉴스나 2, 3명이 대화를 나누는 방송을 듣고 긴 발화나 복잡하게 전개되는 회화의 내용을 파악하는 연습을 해 두는 것이 좋습니다.

問題の説明

※以下の内容は『新しい「日本語能力試験」ガイドブック概要(がいよう)版と問題集　N1、N2、N3編』(独立(どくりつ)行政
法人　国際交流基金、財団法人　日本国際支援協会)の情報をもとに作成しています。

≫ 言語知識の問題／Language Knowledge ／言语知识的题目／언어지식 문제

「言語知識」には「文字・語彙」「文法」の問題が出題されます。

"Language Knowledge" is divided into two sets of questions: "Kanji Reading and Vocabulary" and "Grammar".

「言语知识」由「文字・词汇」和「语法」的题目构成。

「언어 지식」에는「문자・어휘」「문법」문제가 출제됩니다.

≫ 文字・語彙の問題／Kanji Reading and Vocabulary ／文字·词汇的题目／문자·어휘 문제

　　N2では文字・語彙の問題は、2009年までの日本語能力試験(以下「旧試験」と言います)の2級の問題よりも問題数が少なくなっています。旧試験では、漢字の正しい読みを選ぶ問題・正しい漢字を選ぶ問題が各20問ずつありましたが、新試験のN2では5問ずつしか出題されません。その代わりに、派生語や複合語に関する問題が5問出題されるようになります。

　　The N2 test features fewer questions in the kanji reading and vocabulary section than the previous Level 2 Japanese-Language Proficiency Test (hereafter referred to as the "old test") that was conducted until 2009. On the old test this section contained two sets of questions: the first asked you to determine the correct reading, and in the second you had to select the correct kanji. While there were 20 questions for each set on the old test, the new N2 test contains only five questions for each. In addition to these questions, there are now five questions that focus on derivative and compound words.

　　在 N2 中文字・词汇的题目量比到 2009 年为止的日语能力测试 (以下称「旧能力测试」)2 级的题目还要少。旧能力测试中, 选择汉字的正确读音和写法的题目各有 20 题, 但在新能力测试 N2 中, 只各有 5 题。取而代之的是关于派生词和复合词的题目各有 5 题, 这一点变化很大。

　　N2 의 문자・어휘 문제는 2009 년까지의 일본어능력시험 (이하「구 시험」이라 함) 2 급 문제보다도 문제 수가 적어졌습니다. 구 시험에서는 한자 바르게 읽기 문제・바른 한자 고르기 문제가 각 20 문제씩 있었지만, 신 시험의 N2 에서는 5 문제 정도밖에 출제되지 않습니다. 그 대신에, 파생어나 복합어에 관한 문제가 5 문제 출제되는 것이 크게 변경된 점입니다.

【漢字読み／Kanji Reading／汉字读音／한자 읽기】

漢字で書かれた語の読み方を選ぶ（5問）。

Select the correct reading for the word written in kanji (5 questions).

选择汉字的正确读音 (5 题)。

한자로 적힌 단어의 읽기를 고르기 (5 문).

問題：_____の読み方として最もよいものを、1・2・3・4から一つ選びなさい。

例1）　となりの家の子どもが暴れている。
　　　1.　たわむ　　　2.　けが　　　3.　あば　　　4.　おこら

例2）　どんよりした雲が空を覆っている。
　　　1.　ふく　　　2.　ただよ　　　3.　くも　　　4.　おお

答えは19ページ

【表記／Orthography／汉字写法／표기】

ひらがなで書かれた語が、漢字でどのように書かれるかを選ぶ（5問）。

Select the correct kanji for the word written in hiragana (5 questions).

考察平假名写的单词的汉字的正确写法 (5 题)。

히라가나로 적힌 단어를 한자로 어떻게 쓰는 지 묻는 문제 (5 문).

問題：次の文の_____をつけた言葉は、どのような漢字を書きますか。その漢字を、
　　　1・2・3・4の中から選びなさい。

例1）　戦争に反対するしょめい運動をした。
　　　1.　書名　　　2.　緒明　　　3.　署名　　　4.　諸名

例2）　この花なんだっけ、ずかんを見てみよう。
　　　1.　図鑑　　　2.　頭館　　　3.　図観　　　4.　図刊

答えは19ページ

【語形成／Word Formation／单词构成／단어형성】

派生語や複合語の知識を問う（5問）。

Use your knowledge of derivative and compound words to select the best answer (5 questions).

考派生词和复合词的问题 (5 题)。

파생어나 복합어의 지식을 묻는 문제 (5 문).

15

問題：（　　）に入れるのに最もよいものを、1・2・3・4から一つ選びなさい。

例1）1年間、思い（　　）末に、離婚することに決めた。
1. 込んだ　　2. 切った　　3. 立った　　4. 悩んだ

例2）まわりの人の声がうるさくて、大事なところを聞き（　　）しまった。
1. 逃して　　2. 分けて　　3. 込んで　　4. 間違えて

答えは19ページ

【文脈規定／Contextually-Defined Expressions／既定文脉／문맥규정】

文脈の中に入れる適切な語を選ぶ（7問）。

Select the word that best fits the context (7 questions).

选择放入前后文中最通顺的单词 (7题)。

문맥 안에 들어갈 적절한 단어 고르기(7문).

問題：（　　）に入れるのに最もよいものを、1・2・3・4から一つ選びなさい。

例1）市内の大学に（　　）していることを証明できる書類を持ってきてください。
1. 移住　　2. 在中　　3. 在学　　4. 居学

例2）（　　）と、高い車を買ったんだね。うらやましいよ。
1. 髄分　　2. 随分　　3. 隋文　　4. 随文

答えは19ページ

【言い換え類義／Paraphrases／同义词替换／유의표현】

問題文に示される語や表現と意味的に近い語や表現を選ぶ（5問）。

Select the answer that contains the same meaning as the word or expression underlined in the question (5 questions).

选择与问题的意思或是表达方式最相近的选项 (5题)。

문제에 나와 있는 단어나 표현에 의미가 가까운 말 고르기(5문).

問題：＿＿＿＿の言葉に意味が最も近いものを、1・2・3・4から一つ選びなさい。

例1）東京のラッシュアワーは本当につらい。
1. 帰省　　2. 混雑　　3. 複雑　　4. 仕事時間

例2）そんな適当な説明じゃ、上司は認めてくれないよ。
1. 契約　　2. 計画　　3. 経営　　4. プレゼン

答えは19ページ

【用法】／Usage／用法／용법

出題語(しゅつだい ご)が文の中でどのように使われるかを選ぶ（5問）。
Identify how the word is used within the sentence (5 questions).
选择问题中的单词的最合适的用法 (5 题)。
출제어가 문중에서 어떻게 사용되는가 고르기 (5 문).

問題：次の言葉の使い方として最もよいものを、1・2・3・4から一つ選びなさい。

例1）　嫁
　　1．これがうちの嫁です。　　2．嫁となって妻の名字になる。
　　3．うちの嫁はもうすぐ建つ。　　4．今度新しい嫁が産まれるんですよ。

例2）　油断
　　1．ダイエットのため油断している。
　　2．油断していると敵にやられるよ。
　　3．油断しているので、体重が軽くなった。
　　4．油断していたら、気持ちが軽くなった。

答えは19ページ

≫ 文法の問題／Grammar／语法的题目／문법 문제

　　旧試験の2級の文法の問題は、新試験の「文の文法1」にあたる問題が20問程度出題されていました。新しい試験ではそれが、12問程度に減ります。その代わりに、語を並(なら)べ替(か)えて適切(てきせつ)な文章を作成する「文の文法2」が5問出題されます。

　　さらに、旧試験では1文ごとに問われていた文の文末表現が、新試験では「文章の文法」というまとまった文章の中で出題されるようになります。「文章の文法」では、文末表現(ぶんまつひょうげん)や接続詞(せつぞくし)、文頭(ぶんとう)の副詞(ふくし)など、文章の中で適切な形式や表現を選択する問題が出題されると予想されます。

　　The grammar section in the old Level 2 test contained 20 questions, resembling those that appear in the "Sentential Grammar 1" section of the new test. However, there are only 12 questions in this section on the new test. While the number of these questions has decreased, the new "Sentential Grammar 2" section has been added. This section contains five questions that ask you to put words in the right order to create a grammatically correct sentence.
　　The old test also contained questions that required you to select the appropriate expression to be inserted at the end of a sentence. The new test now features an additional section called "Text Grammar", which contains a set of grammar questions taken from one complete passage. Here you are asked to select the grammar forms or expressions that best fit the sentences in the passage. Questions that appear include identifying the expression used at the end of a sentence, selecting the correct conjunction, or choosing the adverb used at the beginning of a sentence.

　　旧能力测试2级语法问题中，有20题左右相当于新测试的「句子的语法1」的题目。但在新能力测试中被减少了12题左右。取而代之的是5道排列单词组成正确的句子的「句子的语法2」的题目。
　　另外，旧能力测试中考的每句话的文末表现，在新能力测试中，将变为在「文章的语法」这样整段的文章中出题。可以推测「文章的语法」中，将会有要求选择文末表现和接续词，句前的副词之类放入文中最适合的表现形式的题目。

구 시험 2급의 문법 문제는 신 시험의「문장의 문법 1」에 해당하는 문제가 20문제 정도 출제되었습니다. 그러나, 신 시험에서는 12문제 정도로 줄어듭니다. 그 대신 말을 차례대로 배열하여 적절한 문장을 작성하는「문장의 문법 2」가 5문제 출제됩니다.
또한, 구 시험에서는 한 문마다 나왔던 문말 표현이 신 시험에서는「글의 문법」이라는 어느 정도 긴 문장 내에서 출제되게 되었습니다.「글의 문법」에서는 문말 표현이나 접속사, 문두의 부사 등, 문장 내에서 적절한 형식이나 표현을 선택하는 문제가 출제될 것으로 예상됩니다.

【文の文法１（文法形式の判断）／ Sentential Grammar 1 (Selecting grammar form)／句子的语法 1(语法形式的判断)／문장의 문법 1(문법형식 판단)】

文の内容に合った文法形式かどうかを判断する（12問）。

Determine whether the grammar form fits the sentence (12 questions).

判断语法形式是否符合句子内容(12题)。

문장 내용에 맞는 문법 형식인지 판단하기(12문).

問題：次の文の（　　）に入れるのに最もよいものを、1・2・3・4から一つ選びなさい。

例 1)　私のことが心配（　　　）、母は倒れてしまった。

　　1.　のあげく　　2.　ので　　3.　のあまり　　4.　によって

例 2)　お客様のご希望（　　　）、結婚式のプランを立てさせていただきます。

　　1.　に伴って　　2.　に限って　　3.　につれて　　4.　に沿って

答えは 19 ページ

【文の文法２（文の組み立て）／ Sentential Grammar 2 (Sentence composition)／句子的语法 2(句子的排列)／문장의 문법 2(문장 만들기)】

統語的に正しく、かつ、意味が通る文を組み立てることができるかを問う。これまでの試験にはなかった新しいタイプの問題です（5問）。

Use your knowledge of grammar to construct sentences that are syntactically correct and semantically coherent. This is an entirely new set of questions (5 questions).

看是否能够组成语法正确，意思通顺的句子。这是以往试题里所没有的新类型的题目(5题)。

통어적으로 바르고, 동시에 의미가 통하는 문장을 만들 수 있는지 묻는 문제. 지금까지의 시험에서는 없었던 새로운 타입의 문제입니다 (5문).

問題：次の文の＿★＿に入る最もよいものを、1・2・3・4から一つ選びなさい。

例 1)　＿＿＿＿ ＿＿＿＿ ＿★＿ ＿＿＿＿なかなか、そうはいかない。

　　1.　もし　　　　　　　　2.　ものなら
　　3.　行ってみたいが　　　4.　行ける

例 2)　今日は北風が＿＿＿＿ ＿＿＿＿ ＿★＿ ＿＿＿＿感じない。

　　1.　強い　　2.　それほど　　3.　寒さを　　4.　わりには

答えは 19 ページ

【文章の文法／ Text Grammar ／文章的语法／ 글의 문법】

文章の流れに合った表現を選択肢の中から選びます。
これまでの試験にはなかった新しいタイプの問題です（5問）。

Select the expression that best fits the context of the passage. Just like Sentential Grammar 2, this is also an entirely new set of questions (5 questions).

沿着文章的大意，从选项中选择合适的答案。这是以往的试题里没有的新题型 (5 题)。

글의 흐름에 맞는 표현을 선택지 가운데서 고릅니다. 지금까지의 시험에서는 없었던 새로운 타입의 문제입니다 (5 문).

問題：次の文章を読んで①から④の中に入る最もよいものを、1・2・3・4から一つ選びなさい。

「最近の若者は、夢がない」とよく言われる。わたしはそれに対して言いたい。 ① 、しょうがないじゃないか。子どもの頃から不景気で、大学に入ったら、就職率が過去最低を記録している。そんな先輩たちの背中を見ているのだ。どうやって夢を持って生きていけと ② 。しかし、このような状況は、逆に ③ だとも考えられる。

自分をしっかりと見つめなおし、自分のコアを見つけるのだ。そしてそれを成長への飛躍とするのだ。今のわたしは高く飛びあがるために、一度 ④ 状態だと思って、明日を信じてがんばりたい。

① 1. 従って　　2. だって　　3. だから　　4. それで

② 1. 言うのだ　　　　　　2. 言えばいいのだ
　　3. 言ってもいいのか　　4. 言うべきか

③ 1. ヒント　　2. 機会　　3. ピンチ　　4. チャンス

④ 1. 寝ている　　　　　2. もぐっている
　　3. しゃがんでいる　　4. 死んでいる

答えは19ページ

例題の解答

【漢字読み】
例1) 3　　例2) 4

【表記】
例1) 3　　例2) 1

【語形成】
例1) 4　　例2) 1

【文脈規定】
例1) 3　　例2) 2

【言い換え類義】
例1) 2　　例2) 4

【用法】
例1) 1　　例2) 2

【文の文法1】
例1) 3　　例2) 4

【文の文法2】
例1) 2　　例2) 2

【文章の文法】
例1) 2　　例2) 1　　例3) 4　　例4) 3

読解の問題 ／ Reading Comprehension ／阅读理解的题目／독해 문제

　旧試験からの大きな変更点は「言語知識（文字・語彙・文法）」と同じ時間内（105分）に試験が行われるようになったことです。そのため、「言語知識（文字・語彙・文法）」に時間をかけすぎると、読解問題を解く時間がなくなってしまいます。

　試験は「言語知識」と同じ時間内に行われますが、「得点区分」は「読解問題60点」として独立しています。今回の試験から「各得点区分」で基準点以下だと、他の区分（「言語知識」「聴解」）で点数がよくても、不合格になってしまいます。そのため、問題用紙が配られたら、まず問題をすべて確認して、読解問題にかける時間を必ず考えておきましょう。

> The biggest single change from the old test is that now the reading section is taken in the same time block as the "Language Knowledge (Kanji, Vocabulary, and Grammar)" part of the test. This forces you to carefully manage your time, because working too long on the other sections will leave you with little time to finish the reading questions.
> Though the reading section is taken together with the "Language Knowledge" part of the test, the scoring for this section is calculated separately from the other sections, and is worth a total of 60 points. In addition, you must do well on each scoring section of the test in order to pass. This means that if you fail to clear the minimum acceptable score for the reading section, you will fail the entire test, regardless of whether you do well on the other parts ("Language Knowledge" and "Listening"). The best thing to do is to look at the questions first after the test booklets have been passed out, and then consider how much time you need for the reading section.

> 在阅读理解问题这部分，比起旧能力测试，最大的变化是要和「言语知识（文字・词汇・语法）」一起在同一时间内(105分钟)完成考试。因此，如果在「言语知识（文字・词汇・语法）」上花费太多时间的话，解答阅读理解问题的时间就会减少。
> 「阅解理解」的考试虽然和「言语知识」在同一时间内进行，但是在「得分区分」上，还是被独立区分为「阅读理解问题60分」。从这次考试开始，如果「各部分得分区分」在基准点以下的话，即使其他部分（「言语知识」「听解」）的得分不错，也不会合格。所以，拿到题目后，先要将所有的题目大致浏览一遍，事先考虑好在阅读理解问题上分配的时间。

> 독해 문제에 있어서 구 시험과 크게 변경된 점은「언어 지식 (문자・어휘・문법)」과 같은 시간 내 (105 분) 에 시험이 치뤄지게 된 것입니다 . 그러므로 ,「언어 지식 (문자・어휘・문법)」는 시간이 많이 걸리면 독해 문제를 풀 시간이 없어집니다 .
> 「독해」는 , 시험 시간은「언어 지식」과 같은 시간에 치르지만 ,「득점 구분」은「독해 문제 60 점」으로 독립되어 있습니다 . 이번 시험부터「각 득점 구분」에서 기준 점수 이하가 되면 다른 구분 (「언어 지식」「청해」) 에서 점수가 좋더라도 불합격이 됩니다 . 그러니 문제 용지가 배부되면 우선 문제를 다 확인하고 독해 문제에 걸릴 시간을 반드시 생각해 둡시다 .

【内容理解（短文）／ Comprehension (short passages) ／内容理解 (短篇文章) ／내용이해 (단문)】

　生活・仕事などいろいろな話題も含め、説明文や指示文など200字程度のテキストを読んで、内容に関する選択肢を選びます（5問）。

> This section contains short passages (about 200 characters in length) that cover a wide range of topics, such as commentary on everyday life or instructions commonly given at the workplace. Carefully read each passage and choose the answer that best matches the information given (5 questions).

> 含有生活・工作之类的话题，在阅读说明和指示等 200 个字左右的文章后，选择跟内容有关的选项 (5 题)。

> 생활이나 일 같은 여러 가지 화제를 포함하여 , 설명문이나 지시문 등 200 자 정도의 텍스트를 읽고 , 내용에 관한 선택지 고르기 (5 문).

以下のような問題が予想されます。

> The following are the kinds of questions you can expect to encounter in this section:

> 可以推测有下面这些问题。

> 이하와 같은 문제가 예상됩니다 .

問題例：筆者がここで最も言いたいことは何か。

   Question: What is the point the author seeks to make?

   问题例 作者在这里最想说的是什么？

   문제의 예 필자가 여기서 가장 말하고 싶은 것은 무엇인가？

問題例：それは何を指しているか。

   Question: What does "that" refer to?

   问题例「それ」指的是什么？

   문제의 예 그것은 무엇을 가리키는가？

問題例：（　　　）に入る最も適当な言葉はどれか。

   Question: Which word best fits in the (　　　)?

   问题例 填入(　　　)中最适合的词是哪个？

   문제의 예 (　　　) 에 들어갈 가장 적당한 말은 어느 것인가？

【内容理解（中文）／ Comprehension (mid-size passages) ／内容理解 (中篇文章) ／내용이해 (중문)】

評論、解説、エッセイなど 500 字程度のテキストを読んで、因果関係や理由などに関する選択肢を選びます（9問）。

   This section contains longer passages (about 500 characters in length) taken from critiques, expositions, and essays. You must read each passage and select the answer that best describes the cause or reason for a certain phenomenon the writer discusses (9 questions).

   在阅读评论，解说，散文之类 500 字左右的文章之后，选择因果关系和理由等答案 (9 题)。

   평론 , 해설 , 에세이 등 500 자 정도의 텍스트를 읽고 , 인과 관계나 이유 등에 관한 선택지 고르기 (9 문)

以下のような問題が予想されます。

   The following are the types of questions you can expect to encounter in this section:

   可以推测有下面这些问题。

   이하와 같은 문제가 예상됩니다 .

問題例：_____と筆者が考える理由は何か（下線は本文の文章下）。

   Question: Why does the author feel that ____ (Underlined phrase is the actual line from the passage)?

   问题例 作者想的 _____ 内容的理由是什么 (下划线在文中)？

   문제의 예 ____ 와 같이 필자가 생각하는 이유는 무엇인가 (밑줄은 본문의 문장) ？

問題例：_____とあるが、筆者の考えに近いものはどれか。

   Question: The author writes ____. Which answer best represents the author's opinion?

   问题例 关于 _____ 中的内容 , 和作者的想法接近的是哪个选项？

   문제의 예 ____ 라고 나와 있는데 , 필자의 생각에 가까운 것은 어느 것인가？

問題例：＿＿＿＿とは、どういうことか。

Question: What is meant by ____ ?

问题例 ＿＿＿＿ 中的内容指的是什么？

문제의 예 ＿＿＿ 란, 무슨 의미 의미인가？

【統合理解／Integrated Comprehension／综合理解／통합이해】

複数のテキストA・B（合計600字程度）を読み比べて比較・統合しながら、2つの内容に関する適切な選択肢を選びます（2問）。

旧試験にはなかった新しいタイプの問題です。

This section features two passages, A and B (about 600 characters in length), which are related to a central topic. Compare and assimilate the information you read in A and B, and then select the answer that best matches what is described in each passage (2 questions). This is an entirely new set of questions.

边读边综合·比较A·B的文章（合计600字左右），然后选择关于2篇文章的适当选项（2题）。这是旧能力测试里没有的新类型的题目。

복수의 텍스트 A・B（합계 600자 정도）를 읽고 비교·종합하면서 두 내용에 관한 적절한 선택지 고르기 (2문).
구 시험에는 없었던 새로운 타입의 문제입니다.

次のような問題が予想されます。

The following are the types of questions you can expect to encounter in this section:

可以推测有下面这些问题。

다음과 같은 문제가 예상됩니다.

問題例：AとBのどちらにも触れられている内容はどれか。

Question: Which answer matches what is described in both A and B?

问题例 A和B里都提到的内容是哪个？

문제의 예 A와 B 양쪽 다 언급되는 내용은 어느 것인가？

問題例：○○についてAの筆者とBの筆者はどのような立場をとっているか。

Question: What are the respective views of authors A and B regarding XX?

问题例 关于○○, A的作者和B的作者采取的是怎样的立场？

문제의 예 ○○에 대하여 A의 필자와 B의 필자는 어떠한 입장을 취하고 있는가？

【主張理解（長文）／Thematic comprehension (long passages)／主张理解（长篇文章）／주장이해（장문）】

解説、エッセイ、小説など900字程度のテキストを読んで、概要や筆者の考えなどに関する選択肢を選びます（3問）。

This section contains a long passage (about 900 characters in length) taken from an exposition, essay, or novel. Carefully read the passage and select the answer that best describes the main idea or the author's opinion (3 questions).

阅读解说，散文，小说等900字左右的文章后，选择大意或作者的想法之类的选项（3题）。

해설, 에세이, 소설 등 900자 정도의 텍스트를 읽고, 개요나 필자의 생각 등에 관한 선택지 고르기 (3문).

次のような問題が予想されます。

The following are the types of questions you can expect to encounter in this section:

可以推测有下面这些问题。

다음과 같은 문제가 예상됩니다.

問題例：＿＿＿＿＿とは、どういうことか（下線は本文の文章下）。

Question: What is meant by ____ (Underlined phrase is the actual line from the passage)?

问题例 _____ 的为容是什么意思 (下划线在文中)？

문제의 예 ____ 란, 어떠한 것인가 (밑줄은 본문의 문장)?

問題例：それは何を指しているか。

Question: What does "that" refer to?

问题例「それ」指的是什么？

문제의 예 그것은 무엇을 가리키고 있는가？

問題例：ここでの＿＿＿＿＿とはどんなことだと考えられるか。

Question: What do you think the line ____ means?

问题例 这里说的 _____, 可以想到是什么事？

문제의 예 여기서 말하는 ____ 란 어떠한 것이라고 생각할 수 있는가？

問題例：この文章から〇〇についてわかることは、どんなことか。

Question: What about XX does this passage reveal?

问题例 从这篇文章的〇〇中，可以知道什么？

문제의 예 이 문장에서 ㅇㅇ에 대하여 알 수 있는 것은 어떠한 것인가？

【情報検索／ Information Retrieval ／信息检索／정보검색】

広告・パンフレット・情報誌・ビジネス文書などの情報素材（700字程度）を対象に、設問に当てはまる選択肢を選びます（2問）。

旧試験にはなかった新しいタイプの問題です。

This section asks you to analyze the information (about 700 characters in length) presented within an advertisement, pamphlet, information publication, or business document. Select the response that best fits the focus of each question (2 questions). This is an entirely new set of questions.

从广告・宣传手册・信息杂志・商务文章等信息素材 (700 字左右) 中，选择问题的最恰当答案 (2 题)。

광고・팸플릿・정보지・상업 문서 등의 정보 소재 (700 자 정도) 를 대상으로，설문에 해당하는 선택지 고르기 (2 문).
구 시험에는 없었던 새로운 타입의 문제입니다.

次のような問題が予想されます。

The following are the types of questions you can expect to encounter in this section:

可以推测有下面这些问题。

다음과 같은 문제가 예상됩니다.

《「講座案内」「学生へのお知らせ」のような掲示物》

《"Course Information", "Announcement for Students", and other kinds of posted notices.》

《像「讲座指南」「给学生的通知」之类的告示》

《「강좌 안내」「학생들에게 알림」과 같은 게시물》

問題例：Aさんが申し込める講座はどれか。

Question: In which course can A enroll?

问题例 A 可以申请的讲座是哪个？

문제의 예 A 씨가 신청할 수 있는 강좌는 어느 것인가？

問題例：Bさんが卒業までに取らなければいけない単位はいくつか。

Question: How many credits must B take in order to graduate?

问题例 B 在毕业前必须修的单位是多少？

문제의 예 B 씨가 졸업할 때까지 취득해야 하는 단위는 얼마인가？

≫ 聴解の問題／Listening／听解的题目／청해문제

　　聴解は試験の時間や配点から見ても、約3分の1を占め、2009年までの日本語能力試験（以下「旧試験」と言います）と比べて、比重が高くなっています。言語知識105分のあとに、聴解の試験が50分あります。しかも、最後の「統合理解」が、聴解の中なかでは、最も難しい問題だと思われます。そのため、休み時間には充分休憩をして、集中力を回復させてください。

　　The listening section accounts for approximately one third of the total points and time allotted. Compared to the old test, the listening section on the new test is worth more points. This section lasts for 50 minutes, and is taken after the 105 minute language knowledge part of the test. The most difficult section, "Integrated Comprehension", comes at the very end. Make sure to take full advantage of the break period so that you can remain focused throughout the entire listening section.

　　听解试题这部分，无论从考试时间还是从得分分配上来看，都大约占了整体的 3/1，比起到 2009 年为止的日语能力测试，其比重增加了。在 105 分钟的言语知识的考试后，听解考试时间有 50 分钟。而且，最后的「综合理解」部分，可以说是听解中最难的题目。所以，休息时间里要充分休息好，恢复集中力。

　　청해는 시험 시간도 배점도 보아도 약 3 분의 1 을 차지하고 있어서, 2009 년까지의 일본어능력시험과 비교하면 비중이 높아졌습니다. 언어 지식 105 분 뒤에, 청해 시험이 50 분 있습니다. 게다가 마지막「통합이해」가 청해 중에서는 가장 어려운 문제라고 생각됩니다. 그러니 쉬는 시간에는 충분히 휴식을 취하고, 집중력을 회복하도록 합시다.

【課題理解／ Task-based Comprehension ／问题理解／과제이해】

まとまりのあるテキストを聞いて、内容が理解できるかどうかを問う（5問）。
(具体的な課題解決に必要な情報を聞き取り、次に何をするのが適当か理解できるかを問う)

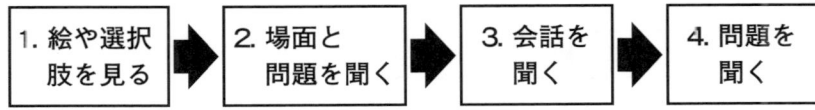

In this section you will listen to blocks of text and then answer questions that test your ability to comprehend what you hear (5 questions).
(Pick up the information necessary to resolve a specific problem, and then select the next appropriate course of action based on what you hear.)

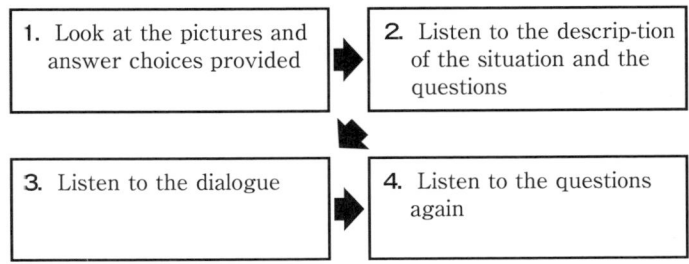

考察是否有在听完整段内容后, 理解其内容的能力 (5题)。
(看你是否能在听取解决具体问题所需要的信息之后, 理解下面一步该做什么)

어느 정도 긴 텍스트를 듣고 내용을 이해할 수 있는지 묻는 문제 (5문).
(구체적인 과제 해결에 필요한 정보를 듣고, 다음으로 무엇을 하는 것이 적당한지 이해할 수 있는가를 묻는다)

【ポイント理解／ Point Comprehension ／要点理解／포인트이해】

まとまりのあるテキストを聞いて、内容が理解できるかどうかを問う（6問）。
(事前に示されている聞くべき事をふまえ、ポイントを絞って聞くことができるかを問う)

In this section you will listen to blocks of text and then answer questions that test your ability to comprehend what you hear (6 questions).
(Referring to important items of information mentioned beforehand, identify the key points that are introduced during the dialogue.)

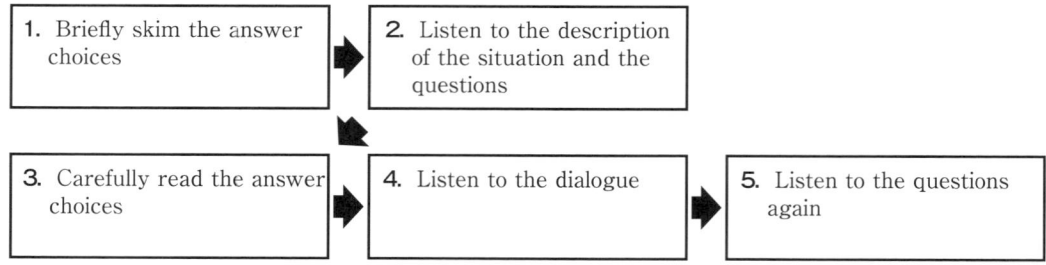

考察是否有在听完整段内容后,理解其内容的能力 (6题)。
(看是否能在事先给你的提示的基础上,抓住要点来听)。

어느 정도 긴 텍스트를 듣고 내용을 이해할 수 있는지 묻는 문제 (6문)
(사전에 제시되어 있는 들어야 할 내용에 입각하여, 포인트를 맞추어 들을 수 있는지 묻는다)

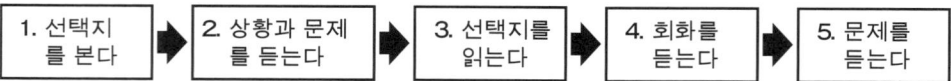

【概要理解／Summary Comprehension／大意理解／개요이해】

まとまりのあるテキストを聞いて、内容が理解できるかどうかを問う（5問）。
（テキスト全体から話者の意図や主張などが理解できるかを問う）

In this section you will listen to blocks of text and then answer questions that test your ability to comprehend what you hear (5 questions).
(Carefully listen to the entire dialogue and identify the main idea or opinion of the speaker.)

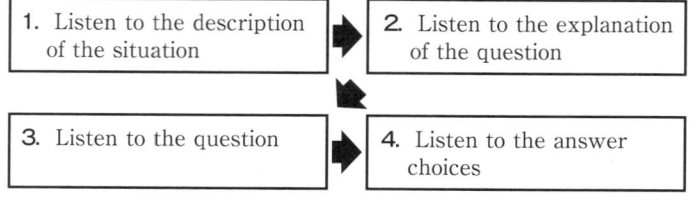

考察是否有在听完整段内容后,理解其内容的能力 (5题)。
(看你是否能够从整体文章中来理解说话人的意图和主张等等)

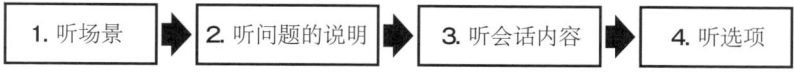

어느 정도 긴 텍스트를 듣고 내용을 이해할 수 있는지 묻는 문제 (5 문).
(텍스트 전체에서 화자의 의도나 주장을 이해할 수 있는지 묻는다)

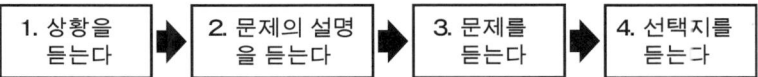

【即時応答】／ Quick Response ／即时应答／즉시응답】

質問などの短い発話を聞いて、適切な応答ができるかを問う（12問）。

質問 — 発話が次々と流れてきます。あせらないで、よく質問文を聞きましょう。

This section tests your ability to identify the most appropriate response to a short question or statement (12 questions).

The questions and responses are read in quick succession. The important thing is to remain calm and pay careful attention to each choice that is read.

考察是否有在听完提问等简短的应答后 , 作出适当回答的能力 (12 题)。

按照提问—应答的顺序 , 一条条的播放。这里不要着急 , 仔细听问题。

질문 등 짧은 발화를 듣고 , 적절한 답을 할 수 있는지 묻는 문제 (12 문).

질문 – 응답이 잇달아서 나옵니다 . 초조해 하지 말고 질문을 잘 들읍시다 .

【統合理解】／ Integrated Comprehension ／综合理解／통합이해】

長めのテキストを聞いて、複数の情報を比較・統合しながら、内容が理解できるかを問う（4問）。

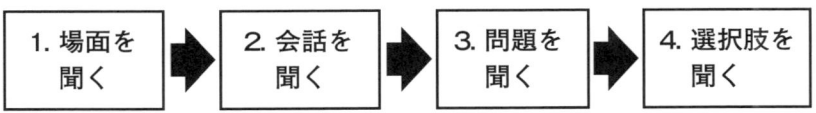

この問題は、問題用紙になにも印刷されていません。まず、簡単な場面が説明され、そのあとに会話が始まります。何が聞かれるのか、選択肢がわからないまま、1分〜1分半程度の会話を聞かなければならないところが、この問題が他の問題と比べて最も難しいところです。「概要理解(がいようりかい)」と同じようにメモを取りながら、会話を聞く必要があります。

This section tests your ability to comprehend a relatively long discourse and then compare and assimilate multiple items of information (4 questions).

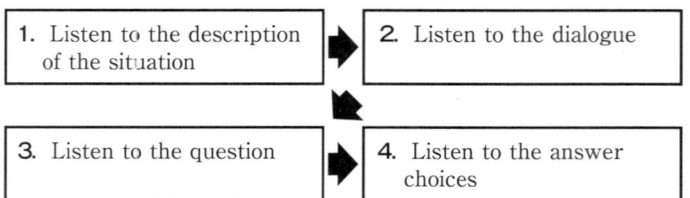

For these questions, nothing is printed in the actual test booklet. You are only provided with a simple description of the situation before the dialogue begins. This part is probably the most difficult of all the listening tests, because you must listen to a conversation that lasts for up to one and half minutes, without being given a list of answer choices or told what will be asked. Just as in the Summary Comprehension part, make sure to take notes as you listen and write down important details.

考察是否有在听完较长的文章之后，将不同的信息进行比较分析后，理解其内容的能力 (4题)。

这部分的题目，在答题纸上没有给任何提示。先有简单的场景说明，然后再开始会话。从不知道会有什么内容，而且在没有选项的情况下，要听1分～1分半钟的会话这些方面来说，这部分内容比起其他部分来说，是最难的。和「大意理解」部分一样，听会话的时候需要边听边作笔记。

장문의 텍스트를 듣고, 복수의 정보를 비교·종합하면서 내용을 이해할 수 있는지 묻는 문제 (4문)

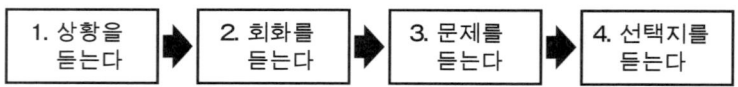

　이 문제는 문제 용지에 아무 것도 인쇄되어 있지 않습니다. 우선 간단한 상황 설명 뒤에 회화가 시작됩니다. 무엇을 묻는지, 선택지를 모르는 상태에서 1분～1분 반 정도의 회화를 들어야 하는 것이 이 문제가 다른 문제에 비해서 가장 어려운 부분입니다. 「개요이해」와 마찬가지로 메모하면서 회화를 들을 필요가 있습니다.

N2

言語知識
（文字・語彙・文法）
読解

（言語知識60点・読解60点／105分）

第1回

問題1 ＿＿＿＿の言葉の読み方として最もよいものを、1・2・3・4から一つ選びなさい。

1問
20秒×5

① その袋の中には何が入っているんですか。

　　1. ふくろ　　　2. はこ　　　3. かご　　　4. かばん

② 花火が爆発して、子供を含む5人がけがをした。

　　1. かこむ　　　2. ふくむ　　　3. つつむ　　　4. たたむ

③ この店では、商品の包装に再生紙を使っている。

　　1. さいしょうし　　　　2. さいせいし
　　3. さいじょうし　　　　4. さいなまがみ

④ メールにファイルを添付して送った。

　　1. てんふ　　　2. てんぶ　　　3. てんぷ　　　4. てんつけ

⑤ 業績は大幅に上向いている。

　　1. おおはば　　　2. おおふく　　　3. だいはば　　　4. だいふく

1問
20秒×5

問題2 ＿＿＿＿の言葉を漢字で書くとき、最もよいものを、1・2・3・4から一つ選びなさい。

[6] 小学校で地震のひなん訓練が行われた。

1. 非難　　2. 避難　　3. 批乱　　4. 被乱

[7] この道路のせいげん速度は、60kmです。

1. 正限　　2. 整限　　3. 製限　　4. 制限

[8] インターネットで目的地のちずをけんさくした。

1. 険作　　2. 検査　　3. 検索　　4. 検策

[9] 決勝戦まで進んだが、3対2でやぶれてしまった。

1　負れて　　2. 失れて　　3. 敗れて　　4. 破れて

[10] 毎日1時間、漢字の勉強をするようにつとめている。

1. 勤めて　　2. 努めて　　3. 務めて　　4. 怒めて

問題3 （　　）に入れるのに最もよいものを、1・2・3・4から一つ選びなさい。

11　せっかく忘れ（　　）いたのに、また思い出してしまった。
　　1. すぎて　　2. すてて　　3. かけて　　4. だして

12　このCDは何度も聞いて、もう聞き（　　）しまった。
　　1. こんで　　2. あきて　　3. きって　　4. とって

13　この商品はとても人気があって、すぐ（　　）になってしまった。
　　1. 売り上げ　2. 売り込み　3. 売り切れ　4. 売れ残り

14　コンピューター・システムの（　　）作動で、大混乱が起きた。
　　1. 過　　　　2. 超　　　　3. 激　　　　4. 誤

15　この店の料理は一流レストラン（　　）の味だ。
　　1. 風　　　　2. 並　　　　3. 級　　　　4. 調

問題4　（　　）に入れるのに最もよいものを、1・2・3・4から一つ選びなさい。

16　病気にかからないように、（　　）することが大事だ。
1．予習　　2．予備　　3．予防　　4．予想

17　死後に臓器を（　　）する人が増えている。
1．提案　　2．提出　　3．提供　　4．提携

18　衛星放送のおかげで、（　　）でオリンピックが見られるようになった。
1．ハーフタイム　　2．リアルタイム
3．フリータイム　　4．ランチタイム

19　彼女は、（　　）お酒をのまない。
1．めったに　　2．しだいに　　3．まことに　　4．すべて

20　彼は、がっかりして（　　）をついた。
1．ためいき　　2．くしゃみ　　3．あくび　　4．せき

21　（　　）理由で、彼は会議に欠席した。
1．きびしい　　2．こまかい　　3．いそがしい　　4．くだらない

22　こんな結果を（　　）ことになるとは、誰も思わなかった。
1．よぶ　　2．まねく　　3．おこす　　4．つくる

問題5 ＿＿＿＿の言葉に意味が最も近いものを、1・2・3・4から一つ選びなさい。

23 先月から客がさっぱり来なくなった。
1. 急に　　2. 少ししか　　3. だんだん　　4. ぜんぜん

24 初めて車を運転したときは、緊張した。
1. どきどき　　2. うきうき　　3. にこにこ　　4. そわそわ

25 会社側は労働組合の要求を飲んだ。
1. 出した　　2. 断った　　3. 理解した　　4. 受け入れた

26 彼女の話を聞いて、もっともだと思った。
1. いいかげんだ　　2. おおげさだ
3. 当然だ　　4. 頑固だ

27 パソコンにメールで届いた文書をプリントアウトした。
1. 複写　　2. 転送　　3. 作成　　4. 印刷

問題6　次の言葉の使い方として最もよいものを、1・2・3・4から一つ選びなさい。

[28] 重大
1. 彼は、重大なカバンを持って旅に出た。
2. 社長は、会社の代表だから、責任も重大である。
3. 彼は、交通事故にあって重大となった。
4. 社長は、この町でいちばん重大な家に住んでいる。

[29] はっきり
1. そんなことをすれば、失敗するのははっきりだ。
2. もっとはっきりな情報がほしい。
3. 事故の原因がはっきりになった。
4. いやなら、はっきり断った方がいいですよ。

[30] くやしい
1. あの人は友達が一人もいなくて、とてもくやしい人です。
2. 高校時代の先生が亡くなったというくやしい知らせを受けた。
3. 何度やってもできないので、くやしくてたまらない。
4. 生活がくやしくて、知人からお金を借りた。

[31] たまる
1. 仕事が忙しくて、ストレスがたまっている。
2. 予算は、あとどれくらいたまっていますか。
3. 最近はたばこを吸わない人がたまっている。
4. 昨日の集会には三千人を越える人がたまった。

32 発生

1. この大学からは多くの学者が発生している。
2. 突然、いいアイディアが発生した。
3. 事件は意外な方向に発生した。
4. 高速道路で大型事故が発生した。

問題7 次の文の（　　）に入れるのに最もよいものを、1・2・3・4から一つ選びなさい。

[33] このサルは目が大きく、まるで眼鏡をかけたように見える（　　）、眼鏡ザルと呼ばれている。

1. ものなら　　2. ことなら　　3. ものから　　4. ことから

[34] 何年も研究を重ねた（　　）、やっと開発に成功した。

1. すえに　　2. うえに　　3. とたんに　　4. ついでに

[35] 投票率は前回を上回る（　　）と予想される。

1. わけ　　2. もの　　3. こと　　4. ほど

[36] 水谷さんの言葉を信じた（　　）、ひどい損をしてしまった。

1. ように　　2. せいで　　3. からには　　4. だけあって

[37] 彼女は最近、子供の受験を心配する（　　）、夜も寝られないそうだ。

1. 際に　　2. あまり　　3. わりに　　4. 最中に

[38] 口ではだいじょうぶと言った（　　）、心の中は不安でいっぱいだった。

1. ところへ　　2. ものの　　3. つつも　　4. とおり

[39] 東京国際映画祭は明日から一週間に（　　）開催される。

1. かけて　　2. つれて　　3. 沿って　　4. わたって

[40] そんなこと、今さら後悔したって（　　）ませんよ。

1. すみ　　2. いり　　3. はじまり　　4. おわり

41 東さんに話すとうわさが広まり（　　　　）から、だまっていたほうがいいよ。

　1. かねる　　　2. かねた　　　3. かねない　　　4. かねなかった

42 彼がちゃんと（　　　　）、私はもう彼と会うつもりはない。

　1. あやまった反面　　　　2. あやまってから
　3. あやまらないかぎり　　4. あやまらないくせに

43 二、三日で退院しますので、わざわざ見舞いに来ていただく（　　　　）。

　1. にはおよびません　　　2. にきまっています
　3. にすぎません　　　　　4. ところでした

44 お客様、申し訳ございませんが、あちらの方たちにお席をお譲りいただく（　　　　）。

　1. ことをいたしませんでしょうか
　2. ことがございませんでしょうか
　3. わけにはまいりませんでしょうか
　4. わけにはいらっしゃいますでしょうか

問題8 次の文の ___★___ に入る最もよいものを、1・2・3・4から一つ選びなさい。

(問題例)

あそこで ____ ____ ★ ____ は田中さんです。

1. 本　　2. 読んでいる　　3. を　　4. 人

(解答の仕方)

① 正しい文はこうです。

あそこで ____ ____ ★ ____ は田中さんです。
　　　　1. 本　3. を　2. 読んでいる　4. 人

② ___★___ に入る番号を解答用紙にマークします。

(解答用紙)　(例)　① ● ③ ④

45　彼は、この学校が ____ ____ ★ ____ 卒業した。

1. 以来　　　　　　　　2. 成績で
3. 始まって　　　　　　4. 最高の

46　何よりも花が好きな彼女は、____ ____ ★ ____ 何も要らないという。

1. 花の　　　　　　　　2. ほかには
3. していれば　　　　　4. 世話さえ

47　週末も出勤している ____ ____ ★ ____ ではなさそうだから、誘うのはやめましょう。

1. 旅行どころ　　　　　2. 忙しくて
3. ところを　　　　　　4. 見ると

48　17世紀に書かれたこの小説は、当時の＿＿＿＿　★　＿＿＿＿　＿＿＿＿たいへん貴重なものとなっている。

1．上でも　　　　　　　　　　2．庶民の生活を知る
3．貴族社会　　　　　　　　　4．ばかりでなく

49　お金がある　＿＿＿＿　★　＿＿＿＿　＿＿＿＿　不幸だとも言えない。

1．とは限らないし　　　　　　2．幸せだ
3．お金がないから　　　　　　4．からといって

問題9 次の文章を読んで、50から54の中に入る最もよいものを、1・2・3・4から一つ選びなさい。

あるニュースで次のような放送が流れた。
「コーヒーを一日に3杯以上飲む人は、飲まない人に比べて、心臓病で死ぬ確率が3倍以上であることが、ある大学の医学部の 50 分かった。」
このニュースを見た人のほとんどは、「カフェイン(注1)（原因）⇒心臓病（結果）」という因果関係を想像した 51 。私たちの頭の中には、「コーヒー＝カフェイン」というイメージが出来上がっているからだ。しかし、この調査では、砂糖が原因である可能性は、考えなかったのだろうか。コーヒーに砂糖を入れる人は多いから、もしかしたら、カフェインよりも砂糖のほうが、心臓に悪い 52 。糖分の取りすぎが、太りすぎや、その他の健康障害を引き起こすことは、今では小さな子供でも知っている。つまり、「カフェイン⇒心臓病」なのか、「砂糖⇒心臓病」なのか、これでは 53 。
では、「カフェイン⇒心臓病」を証明するためには、どうすればいいか。 54 、砂糖の影響の可能性を消す必要がある。まず、コーヒーを飲む人を、砂糖を入れて飲む人と入れずに飲む人に分けて、それぞれ心臓病の割合を計算し、それから、コーヒーを飲まない人の心臓病の割合と比較するのである。
このように、他の影響の可能性を打ち消した後でなければ、原因を決定することはできないのである。

（注1）カフェイン：Kaffein（ドイツ語） コーヒーやお茶などにふくまれる成分。

| 50 | 1. 手術(しゅじゅつ)で | 2. 会議で |
| | 3. 調査で | 4. 捜査(そうさ)で |

| 51 | 1. だけのことはある | 2. おそれがある |
| | 3. わけではない | 4. にちがいない |

| 52 | 1. のかもしれない | 2. に決まっている |
| | 3. ほどではない | 4. どころではない |

| 53 | 1. 決定しているのだ | 2. 決定してしまったのだ |
| | 3. 決定できないのだ | 4. 決定できなかったのだ |

| 54 | 1. それには | 2. それだから |
| | 3. それなら | 4. それでは |

問題10　次の文章を読んで、後の問いに対する答えとして最もよいものを、1・2・3・4から一つ選びなさい。

問題10（1）

> 「よそにできないものを作る。よそで作っているものはやらないほうがいい。」
>
> これは、小さな町の工場を世界に認めさせた原田社長の言葉である。
>
> そうは言っても、初めはだれでも人のまねから始めるものだ。だが、10年、20年、その技術をみがいていくうちに、世界で唯一、他のだれにもまねできない「ものづくり」ができるようになる。そうしてそれが、「よそにできないもの」となるのである。

[55] この筆者から見た、「世界で唯一の会社」の特徴はどんなことか。

1. 最初からだれにもまねできないものを作ること
2. 長い間、ひとつの技術をみがき続けること
3. 世界で認められた技術を研究し続けること
4. 違う会社が作っているものは作らないこと

問題10（2）

　本を見なければ、料理を何一つ作ることができないという友人がいる。結婚して10年、毎日、朝昼晩の三食を料理の本を見て作っているのだと言う。

　彼女は、外食するときも必ず「有名レストラン案内」というような本を読んでから出かける。服を買うときは雑誌に載っている店にいって、雑誌に載っている服を買う。

　つまり、彼女はどこへ行くにも何をするにも、必ず何かの雑誌や本で得た知識をもとに動いている。いや、動かされていると言ってもいいかもしれない。マニュアルなしでは行動できない、彼女のような人を「マニュアル依存症」とでも言うのだろうか。

56　筆者が言う「マニュアル依存症」とはどんな人のことか。

1. 料理の本を見なければ晩ごはんが作れない人
2. いろいろな本や雑誌で情報を得るのが好きな人
3. 自分で得た情報と自分の判断で行動する人
4. 他人の情報と他人の判断に頼って行動する人

問題 10（3）

ちょうど「人」という字が、支えあって立つ二人のヒトの姿（すがた）に見えるように、人間という存在は、本来（ほんらい）、他者（たしゃ）の存在を必要としている。自分一人だけで立ってはおらず、他者がいて初めて自己（じこ）という存在が確認できる。鏡（かがみ）がなければ自分がどんなふうに見えるのかわからないように、他者が存在しなければ、自分の言動（げんどう）を客観的（きゃっかんてき）にみることはできない。確かに、一人一人が集まって社会は成立（せいりつ）しているが、逆に、社会というものがあってこそ、（　　　）も存在できるのである。

57　（　　　）に入る最も適当な言葉はどれか。

1. 人間　　2. 客観（きゃっかん）　　3. 他者　　4. 個人（こじん）

問題10（4）

> たとえば、定期検査というのがありますね。これ、私たちハンバーガーを作って売る店には意味がないんです。いつ検査に来るかわかっているなら、その日だけしっかり対応しておけばいい。ほかの日は、手を抜いても安心だと考えるようになる。それでは、万一事故が起こった場合に、対応できない。むしろ事故の起きる可能性が高いと言ったほうがいい。
> 　企業の経営は、常に、最悪のことを考えておかなければならない。最悪の事態を防ぐには、あらゆる可能性を考慮して、注意を払う必要があるんです。

58　筆者が最も言いたいことはどれか。

1. ハンバーガー店のように食品をあつかう店では、定期検査は意味がない。
2. 経営者は、いつどんな事故が起きても対応できるようにしなければならない。
3. 定期検査は社員を安心させ、かえって事故の可能性を高くしてしまう。
4. 経営者は、常に社員がいちばん良い状態で働けるようにしなければならない。

問題10（5）

2009年11月18日

BNA株式会社
営業部　御中

株式会社さくら
営業課　木村

前略
　さて、先日注文したマグカップ・ブルー500個ですが、本日到着しました。早速確認致しましたところ、うち200個がマグカップ・ブルーではなく、マグカップ・イエローでした。色違いなので、単なる手違いだと思いますが、お調べいただいた上、至急注文通りの品をお送り下さいますよう、お願いします。なお、注文したものが全て届き次第、誤送分をご返送させていただきます。よろしくお願い致します。

59　この手紙の中の会社について正しいものはどれか。

1. 「株式会社さくら」はマグカップ・ブルーを200個追加注文した。
2. 「BNA株式会社」はマグカップ・イエローの数を間違えて発送した。
3. 「BNA株式会社」は「株式会社さくら」に2色のマグカップを送った。
4. 「株式会社さくら」は「BNA株式会社」に間違って届いたマグカップを返送した。

問題11　次の文章を読んで、後の問いに対する答えとして最もよいものを、1・2・3・4から一つ選びなさい。

問題11（1）

　イギリスの小学校では、メディア（注1）について考える授業が取り入れられている。
「ステレオタイプの説明ができる人は？」
　先生の問いかけに、いっせいに手があがった。
「ある決まったイメージで、人とかものについて言うこと。」自信たっぷりに男の子が答えた。
「コンピューターゲームのコマーシャル（注2）に、男の子しか出てこないのはおかしいわ。わたしだってやっているのに。」と女の子。
「コマーシャルに出てくる家族は、きまって優しいお父さんとお母さん、かわいい男の子と女の子。おまけに、みんなとても幸せそう。でも、①それって変じゃない？」と、別の女の子が疑問を投げかけた。
　生徒たちは、「メディアの中の現実」と「自分たちが住む現実」とを比べることで、メディアが映し出す世界を、新たに認識し直す作業をしているのだ。コマーシャルは、商品を売るために「作られた」ものであり、現実そのものではないこと。「男の子らしさ・女の子らしさ」とか「幸せな家族」というイメージは、子どもたちの周りにあふれているが、それらが必ずしも「本当のこと」ではないこと。授業では、それを子どもたちに気づかせていった。
　日本に住むわたしたちも、日々、さまざまなメディアに接しながら暮らしている。わたしたちもまた、文字の読み書きや文章の読解に加えて、②メディアについて学ぶ必要があるのではないだろうか。

（菅谷明子『メディア・リテラシー』岩波書店　による）

（注1）メディア：テレビ、ラジオ、新聞、雑誌など
（注2）コマーシャル：ここではテレビで放送される宣伝・広告のこと

[60] ①「それ」は何を指しているか。

1. ある決まったイメージで、人とかものについて言うこと
2. ゲームのコマーシャルには、男の子しか出てこないこと
3. コマーシャルにいつも同じような家族が出てくること
4. コマーシャルに出てくる家族が自分より幸せそうなこと

[61] ②「メディアについて学ぶ」とあるが、ここではどういうことか。

1. どうすれば良いコマーシャルができるか、その方法を考えること
2. コマーシャルにはどんな人がよく出てくるのかを調べること
3. 新聞、雑誌、テレビ、ラジオのコマーシャルを比べてみること
4. 自分たちの現実とメディアの中の世界を比べて違いを見つけること

問題11（2）

　今日は、元中学教師で、現在は大学講師の松田さんを紹介します。中学教師時代には校内暴力で荒れた学校を立て直し、野球部を5回も日本一に導いた松田さん。①「自立型人間」を育てるのが何より大事だと松田さんは言います。その指導方法の特徴は、まず具体的な目標を書かせることです。それに向けて自分の問題点をはっきりさせ、解決策を考えさせるのです。こうして、自ら考えて行動する人間を育成するのが松田さんのやり方です。

　松田さんは、さらに②職場での上司(注1)と部下の関係についても語っています。

　「ここに川があるとしましょう。この川をいっしょに渡ろう、というのが先輩と後輩の関係。でも、上司と部下は違う。川の向こう側に部下がいて、上司は部下をこちら側に渡って来させなければならない。そのときに、やさしい声をかけていたら、部下のやる気は起こらない。部下の能力を高めてやろうと思ったら、川のこっちと向こうとの対立関係を恐れてはいけない。そのためには、部下を正しく評価すると同時に、欠点もはっきり言うべきなんです。」

　松田さんは、「リーダーは、とにかく社員たちに関わってやることが重要だ」と言います。「褒めるのもオーケー、叱るのもオーケー。とにかく関わってやること。それが大事なんだ」。大人が子供を育てるときでも、教師が生徒を教えるときでも、上司が部下に接するときでも、基本的には同じだと言うのです。

（注1）上司：会社などの職場で、自分より地位が上の人。部下は、地位が下の人

62 ①「自立型人間」とは、どんな人間か。

1. 具体的な目標を持っている人間
2. 自分で目標を立て、問題を解決する人間
3. 暴力を恐れず、チームを指導できる人間
4. 自分の問題点をよく知っている人間

63 「松田さん」が重視する②「職場での上司と部下の関係」とは、どれか。

1. 上司と部下がおたがいに協力し合って行こうとする関係
2. 上司と部下がお互いに能力を高め合おうとする関係
3. 上司が部下との間に距離を置いている関係
4. 上司が部下との対立を恐れず、厳しく接する関係

64 「松田さん」が重要だと考える上司の態度は、どれか。

1. できるだけ多く部下と接する機会を作る。
2. 笑ったり怒ったり、できるだけ感情的に部下と接する。
3. 家族や先生のように、できるだけ親しく部下と接する。
4. 感情をおさえて、できるだけ冷静に部下と接する。

問題11（3）

　考え事をしていて、うまく行かないときに、くよくよしているのがいちばんよくない。だんだん自信を失って行く。論文や難しい原稿を書いている人にしても、書斎にこもりっ切り(注1)で勉強をしているタイプと、ちょいちょいたいした用もないのに人に会うタイプとがある。

　ちょっと考えると、籠城(注2)している人の方がいい論文を書きそうであるが、実際は①人とよく会っている人の方が、すぐれたものを書くようだ。仲間と話をする。みんな、ダメだ、ダメだ、と半ば口ぐせのように言っている。それを聞くだけで、自分だけ苦労しているのではない。まだ、ましな方かもしれないという気持ちになる。間接的にほめられているようなものだ。帰ると意欲がわくということになる。ひとりでくよくよするのは避けなくてはいけない。人と話すのなら、ほめてくれる人と会うようにする。批評は鋭いが、よいところを見る目のない人は敬遠する。

　見え透いたお世辞のようなことばを聞いてどうする。真実に直面せよ。そういう勇ましいことを言う人もあるが、②それは超人的な勇者である。平凡な人間は、見え透いたことばでも褒められれば、力づけられる。お世辞だと分かっていても、いい気持になる。それが人情なのではなかろうか。

（外山滋比古『思考の整理学』筑摩書房による）

（注1）こもりっ切り：ずっと中にいて外出しようとしないこと
（注2）籠城：こもりっ切りとほぼ同じ意味

65 ①「人とよく会っている人の方が、すぐれたものを書く」のはなぜか。

1. 他の人が書いているものがダメなものだということがわかって、自信がつくから。
2. 人と会うとほめ言葉を言ってもらえるので、がんばろうという気持ちになるから。
3. 人と会うと自分だけが大変ではないとわかって気持ちが楽になり、やる気が出るから。
4. 人と会うといろいろな意見をもらうことができ、書くときの参考になるから。

66 ②「それは超人的な勇者である」とあるが、「超人的な勇者」とはどのような人か。

1. ひとりでくよくよするのを避ける人
2. ほめてくれる人と会うようにする人
3. 批評は鋭いが、よいところを見る目のない人
4. お世辞など聞かず、現実を直視する人

問題12 次の文章は、「相談者」からの相談と、それに対するAとBからの回答である。三つの文章を読んで、後の問いに対する答えとして、最もよいものを1・2・3・4から一つ選びなさい。

相談者：
　私の息子のことで相談させてください。息子は大学2年生なのですが、とてもおとなしい性格で、学校へ行く以外はほとんど自分の部屋で過ごしています。夏休みなど学校がないときは、3度の食事のときに部屋を出るだけです。もう大人なのだから、親はよけいなことは言わず、自由にさせたほうがいいと思いますが、①心配です。
　友だちがゼロというわけでもないらしく、月に一度くらいは誘いが来て、出かけることもあります。何か、いいアドバイスがあったら、お願いします。

回答者：A
　親子の関係は難しいですね。食事のときにコミュニケーションがとれていれば、問題ないと思います。とにかく体を動かすこと。やはり、健康が一番ですから。といっても、小さなお子さんじゃないのですから、無理にさせるのもよくありませんね。それとなく、アルバイトをすすめるのがいいんじゃないでしょうか。できれば人と接する仕事がいいと思います。それをきっかけに、コミュニケーションがもっととれるようになるかもしれませんよ。

回答者：B
　おっしゃるとおり、息子さんはもう立派な大人です。本当は親から独立したいと考えているのだと思われます。この年ごろにはだれもが経験することです。親にとっては心配でしょうが、本人から悩みを相談して来るまで待つことをおすすめします。少しでも口を出したり、手助けをしたのでは、独立とは言えません。いつまでも息子さんを子供あつかいして、甘やかすことになります。息子さんの前では心配な顔を見せず、どーんと構えているのが一番です。

67　①「心配です」とあるが、何が心配か。

1. 息子が親の言うことを聞かず、食事のときしか家に帰らないこと
2. 息子が自分の部屋から出ず、何をしているかわからないこと
3. 息子に友達が少なく、たまにしか遊びに出かけないこと
4. 息子に親がいろいろうるさく言ってしまうこと

68　「相談者」の相談に対するA、Bの回答について、正しいのはどれか。

1. AもBも、「息子さん」はもう大人なのだから、自由にさせたほうがよいと言っている。
2. AもBも、コミュニケーションが大事だから、積極的に話しかけるべきだと言っている。
3. Aは「息子さん」の気持ちに理解を示し、Bは相談者の立場から意見を述べている。
4. Aは相談者の立場から意見を述べ、Bは「息子さん」の気持ちに理解を示している。

問題13　次の文章を読んで、後の問いに対する答えとして最もよいものを、1・2・3・4から一つ選びなさい。

「ぼくは学生時代、数学の成績が良かったから、数学の才能はある方だと思うのですが……」

「わたしは学生時代から数学がまったくダメで、全然才能がありません。これが息子に遺伝するのではないかと心配で……」

こんな話をよく耳にする。多くの人が、数学の才能があるかないかということを、学生時代の数学のテストの点数で論じているのだ。しかし、小学校の算数から始まって、大学の学部程度までの数学を理解するのに、才能も何も関係ない。①それを理解する能力は、日常生活をきちんと送れる能力とあまり変わらない。そう私は思っている。②「数学の才能」と呼ぶのにふさわしい能力の持ち主とは、歴史に名前を残しているような大数学者のことを言うのであって、百年に一人いるかいないかだというのが私の考えなのだ。

では、「大学の学部程度までの数学を理解する能力」、すなわち「日常生活をきちんと送れる能力」とは、どんな能力だろうか？

だいたい次の四つのことができる能力と考えればいいだろう。それができれば、後は、努力次第である。その四つとは、「辞書を引くことができる」、「自分のカバンを自分のロッカーに入れられる」、「料理を作れる」、「地図を描ける」である。なぜ、これらの能力があれば、大学の学部までの数学は理解できると言えるのか。

例えば「英語の辞書が引ける」ということは、アルファベット26文字の順序関係を理解できるということだ。国語辞典なら、51もの数の大小関係が理解できるということになる。「自分のロッカーが使える」ということは、自分のカバンを自分の番号のロッカーにしまえるということだから、すなわち「一対一」対応の考え方を理解できるということだ。「料理を作れる」ことは、ものを観察し、予測する力があることを意味し、「地図を描ける」ことは、線や記号を使って実際の空間を平面にする能力、すなわち、抽象化する能力を意味しているのだ。

だから、これら四つの能力があるにもかかわらず数学ができないという人は、数学を理解する能力がないということではなくて、単に努力をせず、

なまけていただけだと思うのだ。

(秋山仁「数学」『中学生の教科書』四谷ラウンドによる)

[69] ①「それ」は、何を指しているか。

1. 小学校から大学の学部までの間に学ぶ数学
2. 学校で学ぶ数学と才能は、関係がないこと
3. 学生時代に受ける数学のテスト
4. 数学の才能があるかないかということ

[70] 筆者の考える②「数学の才能」とは、どのようなものか。

1. 日常生活をきちんと送れる能力
2. 線や記号を使って抽象化する能力
3. 偉大な数学者が持つ特別な能力
4. 大学の学部以上の数学を理解する能力

[71] 筆者がこの文章で言いたいことは、どんなことか。

1. 日常生活をきちんと送れる能力がなければ、数学は理解できないから、学校では、四つの基本能力を学習させるべきだ。
2. 大学の学部程度までの数学を理解するには、日常生活を送れる能力があれば十分で、後は本人の努力次第である。
3. 数学を理解するためには、日常生活を送れる能力があれば十分だから、努力次第では歴史に残るような大数学者になれる。
4. 数学の才能は、学校の数学を理解する能力とは関係ないのだから、日常生活を送れる能力とも何の関係もない。

問題 14 次は「山田市」研究交流センター会議室の利用案内である。下の問いに対する答えとして、最もよいものを1・2・3・4から一つ選びなさい。

1問
5分×2

[72] 会議室を予約するために、必要なものはどれか。
1. 山田市の研究員であることを確認できるもの
2. 研究センター長の許可書と会議に関する資料
3. 利用申込書と会議に関する資料
4. 利用申込書と会議に関する資料と利用承認書

[73] 次のうち、この施設で許可されていないものはどれか。
1. 利用日の3週間前に利用申込書を提出すること
2. 利用当日の午前8時半に会議室に入ること
3. 会議室でパソコンを使用すること
4. 利用申込書を郵送すること

山田市研究交流センター会議室利用案内

【研究交流センター会議室ご利用の手続き】

1 利用できる方
　1）山田市の研究機関の職員
　2）上記の職員と研究交流を行う山田市以外の研究機関等の職員
　3）研究交流センター長が適当と認める者

2 利用料：無料

3 利用日・時間
　平日（月曜日～金曜日）／午前9時から午後5時まで
　※準備等のために施設に出入りすることができる時間は、午前8時30分からです。
　会議終了後は会場を元に戻し、午後5時までに退出してください。

4 利用申込み方法
　予約状況を電話で確認した後、利用申込書に必要事項を記入し、会議に関する資料と共に、ご提出ください。
　【申込み受付開始日】原則として会議開催日の3ヶ月前より受け付けます。

5 利用申込書の提出
　〔申込方法〕FAX または E-mail にて受付けます。
　〔申込先〕研究交流センター1階事務室

6 利用承認書の交付
　申込内容等を確認した後，利用承認書を交付いたします。
　承認書は、利用当日、受付に提示してください。

【サービス施設・設備】
●飲食施設：ありません。
　※会議室内での飲食・喫煙は、禁止させていただいております。
　　飲食・喫煙は、指定された場所でお願いします。
●自動販売機：1階及び2階
●コインロッカー（無料）：2階（30個）
●インターネット接続：会議室に設置された LAN 設備で、インターネット接続が可能です。
　※コンピューター・LAN カード・LAN ケーブルをご持参ください。

【駐車場】
　収容台数：70台　※満車の際には周辺の有料駐車場をご利用ください。

N2

聴解

（60点／50分）

CD01 ~ CD02 を聴きましょう

1問
1分30秒
×5

問題1 問題1では、まず質問を聞いてください。それから話を聞いて、問題用紙の1から4の中から、正しい答えを一つ選んでください。

[1番] CD02

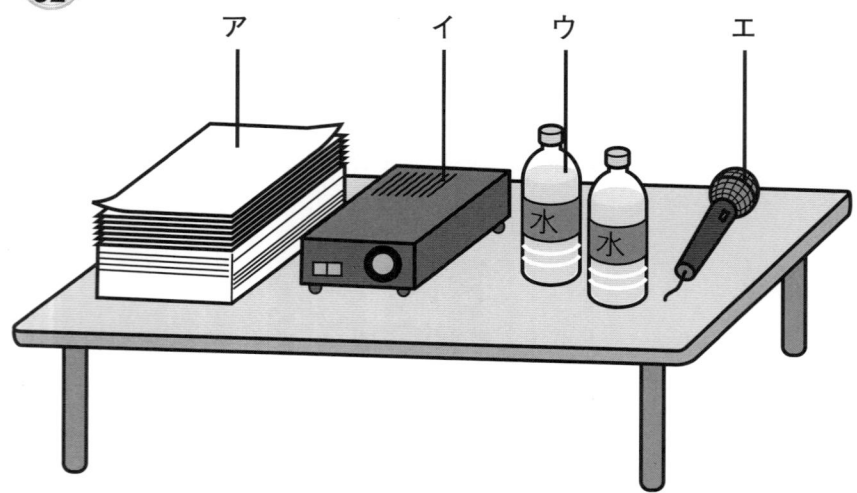

1. ア　イ　ウ　　　　2. ア　ウ　エ
3. ア　エ　　　　　　4. ウ　エ

2番

1.

2.

3.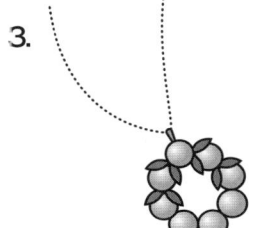

4.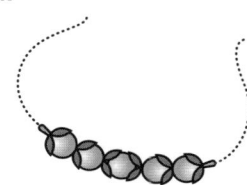

CD 04 を聴きましょう

3番 CD 04

ア

イ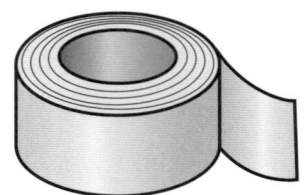

ウ

エ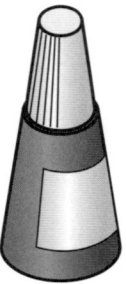

1. ア　イ　ウ　　2. ア　イ　エ
3. ア　エ　　　　4. ウ　エ

[4番] CD05

1. 喫茶店に書類を届ける
2. センターに書類を届ける
3. 書類をチェックする
4. 書類を2部コピーする

[5番] CD06

1. 銀行
2. クリーニング屋
3. スーパー
4. 郵便局

問題2 問題2では、まず質問を聞いてください。そのあと、問題用紙の選択肢を読んでください。読む時間があります。それから話を聞いて、問題用紙の1から4の中から、正しい答えを一つ選んでください。

1番

1. 宝くじに当たったから
2. おこづかいをもらったから
3. お金を拾ったから
4. 本を安く買えたから

2番

1. 先生にしかられたから
2. 風邪で熱があるから
3. 友だちから死んだ人の話を聞いたから
4. 友だちが交通事故で死んだから

3番

1. 肉
2. 野菜
3. 魚
4. 肉と野菜

4番

1. 出発ロビーの案内カウンター
2. 出発ロビーのCカウンター
3. アシアナ航空のカウンター
4. マレーシア航空のカウンター

5番

1. 書類を失くしてしまったから
2. 書類を探さなかったから
3. 書類を見つけることができなかったから
4. 書類のことをすぐ会社に連絡しなかったから

6番

1. 手を薬で消毒すること
2. マスクをすること
3. うがいをすること
4. 手袋をすること

CD14 ~ **CD19** を聴きましょう

 問題3　問題3では、問題用紙に何も印刷されていません。まず話を聞いてください。それから質問と選択肢を聞いて、1から4の中から、正しい答えを一つ選んでください。

1問
約1分40秒
×5

1番　CD15

2番　CD16

3番　CD17

4番　CD18

5番　CD19

問題4　問題4では、問題用紙に何も印刷されていません。まず、文を聞いてください。それから、それに対する返事を聞いて、1から3の中から、正しい答えを一つ選んでください。

1問
約35秒
×12

1番　CD 21

2番　CD 22

3番　CD 23

4番　CD 24

5番　CD 25

6番　CD 26

7番　CD 27

8番　CD 28

9番　CD 29

10番　CD 30

11番　CD 31

12番　CD 32

CD33〜CD34を聴きましょう

問題5　問題5では、長めの話を聞きます。この問題には練習はありません。 CD33

1問
約2分30秒
×4

[1番] CD34

問題用紙に何も印刷されていません。まず、話を聞いてください。それから、質問と選択肢を聞いて、1から4の中から正しい答えを一つ選んでください。

```
メ　モ
```

2番

1問
約2分30秒　問題用紙に何も印刷されていません。まず話を聞いてください。それから質問と選択肢を聞いて、1から4の中から、正しい答えを一つ選んでください。

メモ

CD36 を聴きましょう

3番 CD36

まず、話を聞いてください。それから二つの質問を聞いて、それぞれ問題用紙の1から4の中から、正しい答えを一つ選んでください。

質問①

1. Aコース
2. Bコース
3. Cコース
4. Dコース

質問②

1. Aコース
2. Bコース
3. Cコース
4. Dコース

N2

言語知識
（文字・語彙・文法）
読解

（言語知識60点・読解60点／105分）

第2回

問題1 ＿＿＿の言葉の読み方として最もよいものを、1・2・3・4から一つ選びなさい。

1問 20秒×5

① 彼女は憎らしいほど絵が上手だ。
1. ほこらしい　　　　2. にくらしい
3. すばらしい　　　　4. かわいらしい

② 高校時代の彼が、後に、総理大臣になるなんて、だれも思わなかった。
1. のち　　2. うしろ　　3. ご　　4. こう

③ 銀行に寄って、預金の残高を調べた。
1. のこりだか　2. のこりこう　3. ざんだか　4. ざんこう

④ あんなことを言わなければよかったと後悔した。
1. ごかい　　2. ごうかい　　3. こうがい　　4. こうかい

⑤ この薬は副作用に気をつけてください。
1. ふくさよう　　　　2. ふくさくよう
3. ふくさぎょう　　　4. ふくさくぎょう

問題2 ＿＿＿＿の言葉を漢字で書くとき、最もよいものを、1・2・3・4から一つ選びなさい。

6 機械のこうぞうを図で示した。

　1. 講造　　2. 構造　　3. 講像　　4. 構像

7 長年ののぞみがやっとかなった。

　1. 望み　　2. 願み　　3. 希み　　4. 祈み

8 クレジットカードがふせい使用された。

　1. 不整　　2. 不清　　3. 不正　　4. 不成

9 会社をやめて独立するのは、よういなことではない。

　1. 用意　　2. 容易　　3. 要意　　4. 幼易

10 彼女は、くつをぬすまれてしまった。

　1. 脱まれて　2. 捕まれて　3. 踏まれて　4. 盗まれて

問題3 (　　) に入れるのに最もよいものを、1・2・3・4から一つ選びなさい。

11　病気をしてみると、健康の(　　)がわかるものだ。
　1. たのしさ　　2. つらさ　　3. うれしさ　　4. ありがたさ

12　彼はアルコール中毒から見事に立ち(　　)。
　1. なおった　　2. かえった　　3. もどった　　4. さった

13　彼女は老父の介護に疲れ(　　)しまった。
　1. ぬけて　　2. はてて　　3. とおして　　4. つくして

14　世界のトップ(　　)の学者を集めて、シンポジウムが開かれた。
　1. ランク　　2. コース　　3. ケース　　4. レベル

15　数学の問題は(　　)暗記しても、力はつきませんよ。
　1. 丸　　2. 全　　3. 完　　4. 総

問題4　（　　）に入れるのに最もよいものを、1・2・3・4から一つ選びなさい。

16　もう少し考えを（　　　）から、ご報告します。
　　1. つかんで　　2. まとめて　　3. たたんで　　4. さがして

17　みんなが、小さい女の子の勇気に（　　　）した。
　　1. 関心　　　2. 熱心　　　3. 用心　　　4. 感心

18　いくら忙しくても、食事は（　　　）とるようにしてください。
　　1. しっかり　　2. すっかり　　3. はっきり　　4. ぴったり

19　予算の関係でダムの開発計画は、（　　　）中止になるだろう。
　　1. いったん　　2. ぜひ　　　3. いつも　　　4. すでに

20　この料理は、あまり（　　　）がかからず、誰にでも簡単に作れます。
　　1. 複雑　　　2. 面倒　　　3. 手間　　　4. 迷惑

21　彼女は、人を疑うことを知らない、とても（　　　）人です。
　　1. でたらめな　　　　　　2. ひきょうな
　　3. よくばりな　　　　　　4. すなおな

22　仕事が忙しくて、なかなか息が（　　　）ません。
　　1. すえ　　　2. はけ　　　3. つけ　　　4. でき

問題5 ＿＿＿＿の言葉に意味が最も近いものを、1・2・3・4から一つ選びなさい。

1問
35秒×5

23 彼とは、<u>わずか</u>15分ほど話をしたことがあるだけです。

　1. だいたい　　2. ずっと　　　3. ざっと　　　4. ほんの

24 どうぞ二人で幸せな家庭を<u>きずいて</u>ください。

　1. さがして　　2. まもって　　3. もって　　　4. つくって

25 一週間のスケジュールを全部<u>こなして</u>休養(きゅうよう)に入った。

　1. 取り消して　2. 消化(しょうか)して　3. 延期(えんき)して　4. 立てて

26 父には<u>これといった</u>趣味はありませんでした。

　1. たくさんの　2. 上品(じょうひん)な　3. 特別な　　　4. 異常な

27 そんな<u>おぼえ</u>はなかったが、誰(だれ)も信じてくれなかった。

　1. 信用　　　　2. 記憶(きおく)　　3. 資金(しきん)　　4. 自信

問題6　次の言葉の使い方として最もよいものを、1・2・3・4から一つ選びなさい。

1問
1分×5

[28]　夢中
1. あの子は、今サッカーに夢中している。
2. 寝不足で頭がまだ夢中になっている。
3. 彫刻家の彼は、今夢中で新しい作品に取り組んでいる。
4. 彼女のピアノ演奏は二千人の聴衆を夢中した。

[29]　わざと
1. 彼女は、わざとうちまで見舞いに来てくれた。
2. わざと彼女のうちまで行ったのに、留守だった。
3. 彼の顔がおかしくて、わざと笑ってしまった。
4. 彼女は、わざと知らないふりをした。

[30]　無駄
1. ひどいけちだから、彼に頼んでも無駄だと思いますよ。
2. そんなに無駄をすると、体をこわしますよ。
3. 急に客が来られなくなって、準備した料理が無駄してしまった。
4. きのうは気温が40度近くにもなって無駄に暑かった。

[31]　ごまかす
1. 友達の信頼をごまかすようなことをしてはいけません。
2. 約束の時間をごまかして行ったら、誰もいなかった。
3. 彼女は自分の年をごまかして就職した。
4. 犯人は一人暮らしの老人をごまかして、大金を奪った。

32 先
1. 中村さんは10年<u>先</u>からここで働いている。
2. 田中さんの引っ越し<u>先</u>がわかったら、私にも教えてください。
3. コンサートは大変な人気で、<u>先</u>売り券は発売(はつばい)と同時(どうじ)に売り切れた。
4. この仕事は時間がかかるから、<u>先</u>に回して、その前にこれをしましょう。

問題7 次の文の（　　）に入れるのに最もよいものを、1・2・3・4から一つ選びなさい。

33　事件を小説化するに（　　）、彼は事件の関係者たちへのインタビュー調査を行った。

1. おいて　　2. 対して　　3. つれて　　4. あたって

34　人の印象は髪型（　　）ずいぶん変わるものだ。

1. をきっかけに　　2. どおりで
3. しだいで　　　　4. ぬきで

35　この機種は写真も（　　）テレビも見られるとかで、よく売れているそうだ。

1. とれると　　2. とれれば　　3. とれたし　　4. とれずに

36　会って話してみない（　　）、彼女のほんとうの気持ちはわからない。

1. ためには　　2. ことには
3. からには　　4. わりには

37　買おうかどうしようか、さんざん迷った（　　）、結局買わなかった。

1. 以上は　　2. 上で　　3. あげく　　4. ついでに

38　自分が悪かった（　　）、他人のせいにするなんて許せない。

1. あまり　　2. くせに　　3. どころか　　4. たびに

39　また新しいニュースが入り（　　）すぐにお知らせいたします。

1. 以来　　2. 次第　　3. とたん　　4. やいなや

40 シンポジウムの懇親会に出る(　　　)出ない(　　　)、早く出欠を知らせてください。

1. やら　　2. にしろ　　3. とか　　4. につけ

41 田中さんは自分が優勝するとは思ってもいなかった(　　　)、本当にうれしくてしかたがないようだ。

1. だけに　　2. どころか　　3. 反面　　4. ほど

42 いくら急ぐからといって、こんなに何度も催促の電話をされては(　　　)。

1. たまりませんよ　　2. すみませんよ
3. いられませんよ　　4. わかりませんよ

43 メキシコに行ったことがあるというだけでは、メキシコを知っているという(　　　)。

1. ことになる　　2. しかない
3. ことにはならない　　4. にすぎない

44 担当者が休みだったので、顧客の問い合わせに自分ではよくわからないとしか(　　　)。

1. 答えるだけだった　　2. 答えるだけましだ
3. 答えるどころではなかった　　4. 答えようがなかった

問題8　次の文の ＿★＿ に入る最もよいものを、1・2・3・4から一つ選びなさい。

(問題例)
　あそこで ＿＿＿ ＿＿＿ ＿★＿ ＿＿＿ は田中さんです。
　1. 本　　2. 読んでいる　　3. を　　4. 人

(解答の仕方)
① 正しい文はこうです。

あそこで ＿＿＿ ＿＿＿ ＿★＿ ＿＿＿ は田中さんです。
　　　　1. 本　3. を　2. 読んでいる　4. 人

② ＿★＿ に入る番号を解答用紙にマークします。

[45] 事故は、急いでいた歩行者が、信号が ＿＿＿ ＿＿＿ ＿★＿ ＿＿＿ 交差点を飛び出したことが原因だった。

1. のうちに　　　　　　2. 変わらないか
3. あわてて　　　　　　4. 変わるか

[46] 友達から借りた本は、とっくに ＿＿＿ ＿＿＿ ＿＿＿ ＿★＿ もらっていないと言われて驚いた。

1. 返した　　　　　　2. 返して
3. まだ　　　　　　　4. つもりでいたが

[47] そんなこともわからない ＿＿＿ ＿＿＿ ＿★＿ ＿＿＿ いられなかった。

1. 言えないと　2. ようでは　3. 思わずには　4. 大学生とは

48 一度はあきらめたが、まだ可能性は ___ ★ ___ ___ ので、もう一度やってみることにした。

　　1. ような　　2. 気がして　　3. ある　　4. ならなかった

49 お顔は何度もテレビで ___ ★ ___ ___ のは今度がはじめてです。

　　1. 拝見して　　　　　2. おりましたが
　　3. お目にかかる　　　4. 存じあげては

問題9 次の文章を読んで、50から54の中に入る最もよいものを、1・2・3・4から一つ選びなさい。

　大人になってからもう三十年以上たちましたが、私は今でもあきずに、本を読み暮らしています。本を書くのが私の職業なので、毎日、せっせと読んだり書いたりしています。仕事のために必要な本を読むことも 50 が、どんな本でもちゃんと気を入れて読めばおもしろいものです。本を読むのは、だれかの頭や心の中を 51 ことと同じですから、作者の人柄や考え方にふれる喜びが、私の場合には読書の楽しみのかなりの部分を占めています。

　 52 、私は一冊好きな本に出会うと、親友を一人得たような気分になります。そして、またそういう親友のような本がふえる 53 、人を好きになる力や、人に好かれる力が少しずつ私の中にたまってゆくような、そんな気分にもなります。

　ところで、自分で本を書くようになって分かったことですが、文章を 54 、どうしても誠実さが必要になります。まじめに一生懸命書かないと、文章というものはなかなか書けません。ですから、本を書くのは、ある意味で好きな人に手紙を書くのとよく似ていると言うことができると思います。

50	1. ありません	2. 少なすぎます
	3. 多くありません	4. 少なくありません

51	1. 見せてあげる	2. 見せてくれる
	3. 見せてもらう	4. 見せられる

52	1. それ以来(いらい)	2. そうとはいえ
	3. そのためでしょうか	4. それにもかかわらず

53	1. につれて	2. に際して
	3. にしても	4. 反面(はんめん)

54	1. 書くので	2. 書くには
	3. 書くことで	4. 書きながら

問題10 次の文章を読んで、後の問いに対する答えとして最もよいものを、1・2・3・4から一つ選びなさい。

問題10（1）

> 夕方6時になっても、先生たちが教育について議論を戦わせている学校がある。校長先生は、昔はこんなことはなかったと語る。「遅くまでいることがいいことだとは思わないんですが、熱心な先生たちの姿を見ていると、これはこれで貴重だと思うんです。」
>
> というのも、校長先生には未来は明るくないという思いがあるからだ。「今の日本は、勉強しなくても、学力をつけなくても、いちおう生きていける社会です。しかし、これから20年後、30年後にそれでもいいかというと、けっしてそうは思えないのです。」

[55] この校長先生の考えとして、合っているものはどれか。

1. 先生たちが遅くまで仕事をするのは無意味だから、早く帰った方がいい。
2. 未来の社会に不安があるからこそ、今の熱心な先生たちは大切な存在だ。
3. 未来の社会は、勉強をしなくても生きていける社会だから心配はいらない。
4. 今は必要ないが、20年後、30年後には、熱心な先生が必要になるだろう。

問題 10（2）

1問
2分

　だれもが認めることだが、日本人はとにかく忙しく、時間がない。少しの暇も惜しんで、仕事に、学習に、レジャーに、一生懸命がんばる。あるいは、がんばらずにはいられないのかもしれない。まじめなのはいいことだが、自分のことに一生懸命になればなるだけ、その分、他人に対する無関心は高まっていく。他人のことをかまっている余裕がなくなるのである。
　大阪のある駅で、先日、駅前にある植え木の間から、死後2か月以上経った死体が発見された。植え木に隠れて見えなかったとはいえ、一日の利用者が百万人を超える駅に、警備員や清掃員はいないのだろうか。だれ一人気がつかなかったというのは、おどろきである。これが日本の大都会の日常なのだ。

56　この筆者から見た日本人の特徴は、どんなことか。

1. 何をするにもまじめだが、がんばったり、がんばらなかったりすること
2. 忙しすぎて他人に対する理解がなく、けんかばかりしていること
3. 都会の人は忙しすぎて余裕がなく、一生懸命に仕事をしないこと
4. 自分のことでいっぱいで、まわりに関心を持つ余裕がないこと

問題 10（3）

　もともと猫好きで、飼っている猫のこと、死んでしまった猫のことについてはいくつも文章を書いたことがある。子どものころは家に犬がいたけれど、これは頑固(注1)なテリア犬で、小学生の私を主人として認めていなかったから、私の言うことなどまったく聞かず、散歩に連れて行くのも面倒なだけだった。もっと歩きたいのだろう、どんどん先へ歩いて行こうとする犬を引っ張って帰って来るのがいつも苦痛だった。私はその犬が好きになれなかったし、犬の方も私のことが好きではなかった。要するに、（　　　　　）

(注1) 頑固：人の考えを受け入れられず、自分の考えを変えようとしない性格。

57　（　　　　　）に入る最も適当な言葉はどれか。

1. 私は、犬のことは、猫以上によくわかっているのである。
2. 犬は猫よりわがままで、散歩が好きな動物なのである。
3. 私は、犬とあまり良い関係は結べなかったのである。
4. 子どものころのほうが、私は犬が好きだったのである。

問題10（4）

レストラン　ソレイユ
支配人様

　先日、貴店で食事をしました。開店以来いつも満員なのを見ており、初めて行ってみました。値段は少し高めかなと思いましたが、窓からの眺めもよく、景色を楽しみながら一口料理を食べてみて、閉口。素材がいたんで、すっぱくなっていました。料理長に来ていただいたところ、「それは油のにおいで品質には問題ない」とのこと。料理を食べてみもせず、私の話を聞いてもくれない態度にがっかりしました。新しいレストランができることは、町の発展にもつながり、うれしいことです。だからこそ、期待を裏切らない対応と品質管理をお願いしたいと思います。

[58] この手紙の書き手が言いたいことは何か。

1. 町の発展に協力してほしい。
2. 料理の値段をもっと安くしてほしい。
3. 客に対して誠意を持って対応してほしい。
4. 客に出す前に料理を食べてみてほしい。

60 ①脳を「だまして」とあるが、どういうことか。

1. やる気がない人にうそをついて、やる気を出させるということ
2. 飽きっぽい脳に刺激を与えて、やる気を起こさせるということ
3. 脳の働きをじゃましているものをすべて取り除くということ
4. 本当は自分にやる気があることを思い出させるということ

61 ②「この4つの方法」の例として、正しいものはどれか。

1. 休みの日はいつもより長く寝て疲れをとる。
2. 鏡に映る自分を見て演技の練習をする。
3. 学校へ行くときに通る道を変えてみる。
4. がんばっている友だちを応援する。

問題11（2）

　この二、三十年の間に、日本人の考え方や行動は少しずつ変化してきた。
　まず、環境問題への関心が高くなった。それは、もしかすると私たちの社会は自滅(注1)への道を進んでいるのかもしれないという思いを社会に広めた。そればかりではなく、経済発展に対する迷いも生まれてきた。経済の力は必要かもしれないが、それだけでは社会の維持は保証できないし、私たちも幸せにはなれないのではないかという思いが、少しずつ広がっていった。
　もうひとつの大きな変化、それは個人の社会から、協力し合う社会へと、私たちの社会目標が変わってきたことである。強い個人の確立(注2)が良い社会を作るという以前の考え方に代わって、「共同性」、「支え合い」といった言葉が社会づくりのキーワード(注3)になってきた。
　そして、①これらの変化が、農村社会への関心を高め、同時にＮＰＯ(注4)やボランティア活動(注5)の時代をひらいていったのである。その結果、いまではどの地域に行っても、無理をせずに農山村で暮らす高齢者や、農業を志望する若い人々が見られるようになった。都市でも消費者と生産者をつなぐ活動が広がり、都市と農山村の新しい結びつきも生まれてきた。
　このようなさまざまな動きが、徐々に社会の価値観を変えていった。経済の発展や強い個人が豊かな社会をつくる、という発想では不十分だと考える確実な変化が、社会のなかに生まれてきたのである。

（内山節「時代を読む」2009年9月20日付け 東京新聞 朝刊による）

（注1）自滅：自分で自分に悪い結果を招くこと。自分の行動が原因で死ぬこと。
（注2）確立：しっかり打ち立てること。
（注3）キーワード：keyword　重要な言葉。かぎになる言葉。
（注4）ＮＰＯ：Nonprofit Organization　お金をもうけることを目的としない法人。
（注5）ボランティア活動：volunteer　社会のために自分から無料で行う活動。

62 ①「これらの変化」とあるが、どのようなことか。
1. 経済発展に対する疑問が広がり、個人の社会から協力し合う社会へと目標が変わったこと
2. 環境問題への関心が高まり、経済発展に対して危険性を感じるようになってきたこと
3. 社会づくりのキーワードが「強い個人の確立」から、「共同性」などに変わってきたこと
4. 経済の発展だけでは、社会を維持できず、人々が幸福になれなくなってしまったこと

63 本文の内容とあっているものはどれか。
1. 日本人の価値観は変化してきたが、都市と農山村の新しい結びつきを強めるという考えはまだ広まっていない。
2. 社会目標が変わって農村社会への関心が高まったため、都市部よりも農山村で暮らす高齢者が増えた。
3. 都市や農村でのさまざまな新しい活動や、人々の結びつきが生まれ、日本社会の価値観も変化した。
4. 農村社会への関心の高まりが、さまざまな新しい活動を生み出し、それが経済発展につながっている。

問題11（3）

　私は①靴に四十年も悩まされてきた。
　私は、中学二年になって急に身長が伸びてきた。妹の私が兄を追い越した。いっしょに足も大きくなった。高校生のときは、大きい靴がとてもはずかしかった。就職して初めての給料で、いちばんに靴を注文した。しかし、出来上がった靴は、かわいらしいとはとても言えないものだった。
　それからずっと、靴には困らされてきた。足に靴を合わせるのではなく、無理をすれば履けそうな靴に、足を合わせてきた。縮めていた指は、変形し、爪は何度生え変わったことか。痛くならない靴などないのだと、あきらめていた。
　ところが五年ほど前、何となく開いた雑誌に東京の小さな靴屋が紹介されていた。私と同じように合う靴がなくて悩み続けていた人が、そこの靴で悩みが解消されたという話も出ていた。これなら、と期待がふくらんだ。
　数か月後、用事で東京へ行ったついでに、その靴屋に寄ってみた。心配そうに靴を脱いで見せた私の足に、靴屋さんはさわって言った。
「②これは大変でしたね。腰まで痛かったでしょう。」
　そうして、試しに履かせてくれた靴の履きやすさといったら……足をやさしく包んでくれて、指はのびのび伸ばせる。こんな靴がこの世にあったのか、と感動した。そのまま履いて帰りたかった私は、その場で一足注文した。
「海辺で育ちましたか？」と、靴屋さん。
「ええ。海のすぐ近くではなかったですが……」
「そうですか。魚をたくさん食べて育った人の足ですよ！」
「ん？……ええ、魚は大好きです。でも、どうして？」
「三浦海岸に住んでる人も同じ足でしたよ。どうしてなのかねえ……」
　靴屋さんの笑顔が、③（　　　　　）。四十年かかって、ようやく出会えた笑顔だった。

（宮部紀子「魚を食べた足」『片手の音――05年版ベスト・エッセイ集』文藝春秋　による）

64 筆者はなぜ、①「靴に四十年も悩まされてきた」のか。

1. 中学生二年生になってから、ずっと兄より大きい靴を履いてきたから。
2. 初めて給料で靴を買ってから、一度もかわいい靴を履けなかったから。
3. ちょうどいい大きさの靴がなくて、足の痛みをがまんしてきたから。
4. 自分の足のことを聞いてくれる人が、まわりに一人もいなかったから。

65 ②「これは大変でしたね。」とあるが、何が大変だったのか。

1. 筆者が東京の靴屋までわざわざ来たこと
2. 筆者がずっと靴に足を合わせていたこと
3. 筆者が大きい靴しかはけなかったこと
4. 筆者が魚をたくさん食べて育ったこと

66 ③（　　　）に入る言葉として最も適当なものはどれか。

1. もうしわけなかった
2. うらやましかった
3. なつかしかった
4. あたたかかった

 問題12 次のAとBはある市の市立図書館に届いた「利用者の声」である。利用者Aと利用者Bの文章の両方を読んで後の問いに対する答えとして最もよいものを1・2・3・4の中から一つ選びなさい。

1問
5分×2

利用者：A

　私はこの3月に高校を卒業して、今は大学受験の準備中です。この図書館は小さいですが、あまり混まなくて静かなので毎日来て勉強しています。以前は、平日だけ開いていたのが、先月から第二・第四土曜日も開館になり、その代わりに開館した土曜の次の月曜日は休館になりました。前は週末には全く利用できなかったので、便利になったという人もいるでしょうが、次の月曜が休館なので、結局開館日が増えたわけではありません。また、平日は人も少なく落ち着いて勉強できたのが、土曜は朝から利用者が多く、席がとれないこともあります。私の勝手な希望かもしれませんが、もう一度開館日を考えなおしていただけませんか。それが無理でも、せめて利用者が増えた分、席を増やすなどしていただければと思います。

利用者：B

　新刊図書や雑誌がたくさん置いてあるので、時々この図書館を利用しています。前は、平日しか開いていなかったので、会社から帰宅するころには既に閉館していて利用したくてもなかなか難しい状況でしたが、先月から週末にも利用できるようになり、週末の楽しみが一つ増えました。現在、週末は隔週の開館ですが、毎週開館するようになればもっとありがたいのですが。もう一つ、平日の開館時間は以前の通り9時から6時までなのに、土曜日はどうして9時から3時までなのでしょうか。土曜日に開館したら次の月曜は休館されるのですから、週末も6時まで開けていただければもっと利用しやすくなると思います。ご検討ください。

[67] この図書館の開館日数・開館時間はどう変わったか。

1. 以前より開館日数も増え、開館時間も長くなった。
2. 開館日数は以前と同じだが、開館時間は長くなった。
3. 開館日数は以前と同じだが、開館時間は短くなった。
4. 以前より開館日数は増えたが、開館時間は短くなった。

[68] 利用者Aと利用者Bは開館日の変更についてどう思っているか。

1. AもBも満足している。
2. AもBも特に意見を述べていない。
3. Aは不満に思っているが、Bはよかったと思っている。
4. Aはよかったと思っているが、Bは不満に思っている。

問題13 次の文章を読んで、後の問いに対する答えとして最もよいものを、1・2・3・4から一つ選びなさい。

　最近の新聞記事によると、今の日本は労働力が足りないそうである。あちこちで人手(注1)が足りないといって、アジアのほかの国に労働力を求めるようになった。

　しかし、①ふしぎなことに、同じ新聞には、日本の失業率が5％になったとか、仕事や住むところがなくて生活に困っている人がいるといった記事もある。外国人労働者に来てもらわなければならないほど労働力が不足しているというのに、どうしてそういうところにこれらの日本人が就職しないのか。私にはちょっと納得がいかない。

　とくにおかしいと思うのが若い失業者たちである。というのも、彼らの多くが「自分らしい仕事」が見つからないから失業中、という決まったせりふを言うからだ。仕事はたくさんある。でも、どれを見ても「自分らしく」なさそうで魅力がないからやめた。だから、何もせずただ日々を過ごしているというわけだ。

　実際、このあいだもテレビを見ていたら「六本木あたりの外資系(注2)の仕事」につくのが「自分らしい」のだと答える青年がいたのにびっくりした。冗談じゃない。たしかに東京・六本木の超高層ビルのおしゃれなオフィスは、かっこいい舞台に見える。しかし、そんな職場や仕事につけないから「自分らしく」ない、だから何もしないでぼんやりしている、という発想がどこから出てくるのだろう。

　そもそも、私にはこの「自分らしい」ということの意味がよくわからない。どうやら、テレビやマンガを通じて出来上がった、理想の職業、収入、ライフスタイルなどのイメージが「自分らしい」ということらしい。それ以外の生き方は「自分らしく」ないのである。大都会のエリートになることが「自分らしい」、地味な職業につくのは「自分らしく」ない、というのは非現実的である。はっきりいって、わがままである。

　もしも「自分らしさ」というものがあるなら、それは与えられた仕事をまじめにして、自分の生活を作ったときに自然と生まれてくるものなのである。「六本木の外資系」などというイメージより、現実の世界で自立(注3)すること。そこで生活の意味を見つけたときに、はじめて本当の「自分ら

しさ」がみえてくるのではないだろうか。

（加藤秀俊「外国人に「働いてもらう」不思議」『正論』2009年8月6日付け産経ニュースによる）

（注1）人手：仕事をする人
（注2）外資系：外国資本の会社
（注3）自立：他人の助けや力を借りないで、自分の力で生活すること。

[69] ①「ふしぎなことに」とあるが、何を指しているか。
1. 日本人労働者より外国人労働者の方が多いこと
2. 新聞にのっている記事の内容が正しくないこと
3. 日本に仕事や家がない人がたくさんいること
4. 労働力が不足しているのに失業率が高いこと

[70] 文中の若者たちが考える「自分らしさ」に近いものはどれか。
1. 魅力がない仕事を魅力がある仕事に変えることに「自分らしさ」がある。
2. 自分がやりたい仕事をしてはじめて、「自分らしさ」が出てくるものだ。
3. 地味な仕事を一生懸命したときに、「自分らしさ」が見えてくるものだ。
4. 「自分らしい」仕事は日本には少ないから、外国で仕事をする方がいい。

[71] 筆者がこの文章で言いたいことは、どんなことか。
1. 今の日本には就職できない若者もたくさんいるのだから、これ以上、外国人労働者を雇う必要はない。
2. 若者たちはイメージの中の理想だけを追うのをやめて、まず自分の力で生活できるようになるべきである。
3. 現実の世界では、理想的な仕事は少ないものだから「自分らしい」仕事を見つけるのは簡単ではない。
4. 今の若者はわがままでぼんやりしているから、いつまでも理想の仕事につくことができないのである。

問題14 次は、ふじやま市の「日本語スピーチコンテスト」の募集広告である。下の問いに対する答えとして、最もよいものを1・2・3・4から一つ選びなさい。

72 このスピーチコンテストに出られるのは、次のうちどれか。
1. 国籍は日本だがアメリカで生まれ育ち、3年前に日本に帰国したふじやま市立高校3年生の学生（18歳）が「日本の高校での英語教育」についてスピーチする。
2. 2年前に留学生として来日し、現在はふじやま市立大学4年生のインド人留学生が「インドのカレーと日本のカレー」についてスピーチする。
3. 7年前に来日し、3年前にふじやま市在住の日本人と結婚して、ふじやま市に引っ越してきたイタリア人主婦が「日本での結婚生活」についてスピーチする。
4. フランスの大学で4年間日本語を学び、2年前に来日した、ふじやま市内の専門学校でフランス語を教えているフランス人の先生が「フランスの歴史」についてスピーチする。

73 1次審査に通った者は、どうすればいいか。
1. スピーチの内容を800字に要約して、10月10日までに郵便で送る。
2. スピーチの内容を原稿用紙1枚に要約して、9月1日までに郵便で送る。
3. 2分程度の、本人によるスピーチの録画を10月1日までに郵便で送る。
4. 本人がスピーチしているところを全部録画して、10月10日までに郵便で送る。

第10回「外国人による日本語スピーチコンテスト」出場者募集

❀世界から見た日本、外国人の見方・考え方などについて、広く市民の皆さんに理解してもらい、相互理解・交流を深めるため、「第10回外国人による日本語スピーチコンテスト」を開催します。今年は、学校や職場などの地域社会の中で感じ、考え、発見した「自国と日本の文化や習慣などの違い」をテーマに、コンテストを行います。日本語でのスピーチに挑戦したい方は、以下の要綱を確認して応募してください。

【日時】　11月3日（土）　13：00～16：00

【会場】　ふじやま市教育文化会館

【応募資格】◎年齢18歳以上（高校生可）
　　　　　◎ふじやま市内在住、または、ふじやま市に通勤・通学している外国人
　　　　　◎日本滞在期間が5年以内の方
　　　　　＊上の条件が1つでもあてはまらない人は応募できません。

【スピーチ時間】◎7分以内（2000字程度）

【テーマ】◎「わたしの国から見た日本」「わたしの国と日本の違い」等
　　　　　＊自国についての内容のみのスピーチは受け付けません。必ず、自国と日本について発表してください。

【各賞】　最優秀賞：1名（賞金5万円）
　　　　　優秀賞　：2名（賞金3万円）
　　　　　特別賞　：若干名（賞金1万円）
　　　　　参加賞　：出場者全員（記念品）

【応募方法】◎1次審査：発表内容を原稿用紙2枚（800字）以内に要約して、表紙にタイトル、住所、氏名、年齢、国籍、職業（学校名・学年）、電話番号を明記し、下記の応募先へ郵送、またはEメールで送ってください。
　　　　　◎2次審査：応募者の中から、20名の方を選び、本人のスピーチの録画を送っていただきます。2分程度の録画をDVDまたはテープで郵送してください。
　　　　　選考結果は、10月10日までに、応募者全員に通知します。

【応募締切】　1次審査：9月1日　2次審査：10月1日

【問い合わせ・応募先】
　〒123-4567　ふじやま市日本国際連合協会本部事務局
　TEL 012-345-6789　Eメール　t1234@pref.xx.jp

N2

聴解

（60点／50分）

第2回

 ~ を聴きましょう

問題1　問題1では、まず質問を聞いてください。それから話を聞いて、問題用紙の1から4の中から、正しい答えを一つ選んでください。

1問
約1分30秒
×5

1番

1.

2.

3.

4.

CD 03 を聴きましょう

2番 CD 03

1.
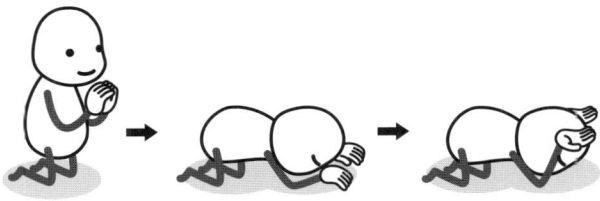

2.

3.
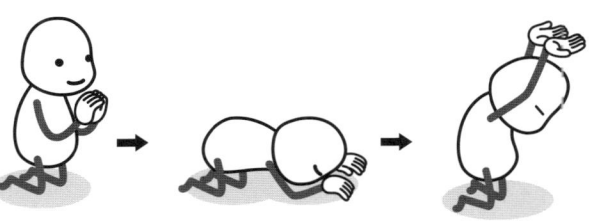

4.

CD04 〜 CD06 を聴きましょう

3番 CD04

1. 銀行に行く
2. 郵便局に行く
3. 見積書を作る
4. 報告書を書く

4番 CD05

1. 1番
2. 2番
3. 3番
4. 4番

5番 CD06

1. チラシの原稿を書き直す
2. チラシの原稿をプリントアウトする
3. ボランティアの学生を募集する
4. 先生の研究室に行く

CD07 ～ CD10 を聴きましょう

問題2　問題2では、まず質問を聞いてください。そのあと、問題用紙の選択肢を読んでください。読む時間があります。それから話を聞いて、問題用紙の1から4の中から、正しい答えを一つ選んでください。

1問
約1分50秒
×6

1番 CD08

1. さっきコーヒーを飲んだ店
2. 男の人のポケットの中
3. 男の人の腰のベルト
4. 男の人のおしりの下

2番 CD09

1. 午前中から雨がふる
2. 午後から雨がふりやすくなる
3. 夕方から晴れる
4. 一日中雨がふって雷が鳴る

3番 CD10

1. カロリーが低いから
2. 香りがいいから
3. 1対1だから
4. 油が少ないから

4番 CD11

1. 酸素が入っているから
2. 健康にいいから
3. 値段が安いから
4. 同じ水を飲んでいると飽きるから

5番 CD12

1. 人のせいにしなかったから
2. 友だちの代わりに宿題をしてあげたから
3. 友だちにノートを貸したから
4. 宿題を全部してきたから

6番 CD13

1. きびしい社会の現実
2. 子供たちの性格
3. 周りの大人たちの態度
4. 周りの大人たちの無関心

CD 14 〜 CD 19 を聴きましょう

 **問題3** 問題3では、問題用紙に何も印刷されていません。まず話を聞いてください。それから質問と選択肢を聞いて、1から4の中から、正しい答えを一つ選んでください。

1問
約1分50秒
×5

1番 CD 15

2番 CD 16

3番 CD 17

4番 CD 18

5番 CD 19

CD20〜CD32を聴きましょう

1問35秒×12

問題4　問題4では、問題用紙に何も印刷されていません。まず、文を聞いてください。それから、それに対する返事を聞いて、1から3の中から、正しい答えを一つ選んでください。 CD20

1番 CD21　　　　　　2番 CD22

3番 CD23　　　　　　4番 CD24

5番 CD25　　　　　　6番 CD26

7番 CD27　　　　　　8番 CD28

9番 CD29　　　　　　10番 CD30

11番 CD31　　　　　　12番 CD32

問題5　問題5では、長めの話を聞きます。この問題には練習はありません。

1番

問題用紙に何も印刷されていません。まず、話を聞いてください。それから、質問と選択肢を聞いて、1から4の中から正しい答えを一つ選んでください。

メモ

2番 CD35

まず、話を聞いてください。それから二つの質問を聞いて、それぞれ問題用紙の1.から4.の中から、正しい答えを一つ選んでください。

質問1
1. 1号室　　2. 2号室　　3. 3号室　　4. 4号室

質問2
1. 1号室　　2. 2号室　　3. 3号室　　4. 4号室

3番

まず、話を聞いてください。それから二つの質問を聞いて、それぞれ問題用紙の1から4の中から、正しい答えを一つ選んでください。

質問1
1. 大型大根・ミニ白菜・キュウリ
2. 大型大根・ミニ白菜・ラディッシュ
3. 大型大根・大型白菜・ラディッシュ
4. ミニ大根・大型白菜・ラディッシュ

質問2
1. ミニ大根・ミニ白菜・ラディッシュ
2. ミニ大根・大型白菜・キュウリ
3. ミニ大根・大型白菜
4. 大型大根・ミニ白菜

N2

聴解スクリプト

第1回　模試　聴解スクリプト

問題1

1番 CD02

会社で男の人と女の人が、セミナーの準備をしています。男の人は何を運びますか。

F：林さん、ちょっと。ここにあるものセミナー・ルームに運ぶの、手伝ってくれない？　わたし、まだ資料のコピーが終わってないのよ。

M：ここにあるのが資料じゃないの？

F：それだけじゃまだ足りないのよ。

M：そう。ずいぶんあるんだね。

F：そうなのよ。まだ、あと20部は必要なの。ま、とりあえず先にその資料と、それからペットボトルのお水、お願いします。

M：わかった。プロジェクターはいいの？

F：うん。それ、こわれてるから使わないことになったの。あと、そのワイヤレスマイクも、持って行って。

M：はーい。

Q：男の人は何を運びますか。

2番 CD03

男の人と女の人が、デパートの宝石売り場でネックレスを見ています。二人はどれを買いますか。

F：真珠のネックレスは、やっぱり素敵ね。

M：そうだね。これなんか、どうなの？シンプルで・・・。ん？だめだ。6万円もするよ。

F：そうよ。一粒でも真珠は粒が大きいのは高いのよ。これ、どうかしら。これもシンプルでいいじゃないの。粒は3つだけど、小さいし。

M：どれどれ。えー！10万円！

F：冗談よ。大学の入学祝いなんだから、そんな高いの要らないわよ。若い子には

やっぱりこっちね。お値段も手ごろだし。
M：この丸い輪になったのは3万円かあ。
F：うん、それもいいんだけど、この横に並んだほうが安くても豪華な感じがするわね。香織に似合うと思うわよ。
M：うん、じゃあ、それにしよう。

Q：二人にどれを買いますか。

3番 CD 04

女友達が二人、電話で話しています。引っ越しをする女の人が買ってきてほしいものはどれですか。

F1：もしもし、トモちゃん。　引っ越し、もう始めた？
F2：うん、今、箱に荷物つめてるとこ。
F1：これからだね。何か、買ってくもの、ある？
F2：うん。カッターを買って来てくれる？　ハサミじゃ、あとで箱を開けるのが大変そうだから。
F1：ほかにガムテープとかは？
F2：それはだいじょうぶ。あとね、太い字が書けるマジックペン。どの箱に何が入ってるか、あとでわかんなくなりそうだから。
F1：オーケー。了解。大介君の車は来たの？
F2：まだなのよ、それが。電話しても出ないし。
F1：やっぱり酒飲みの男はダメねー。男のほうも引っ越したら？
F2：だめよー、それは、

Q：女の人が買ってきてほしいものはどれですか。

4番 CD 05

男の人と女の人が電話で話しています。女の人は、これから何をしなければなりませんか。

F：はい、東京工業です。
M：あ、佐藤くん？　今タクシーで研修センターに向かってるんだけど、例の書類できたかな。
F：はい、研修センターの会議室に届ければよろしいでしょうか。
M：いや、会議は2時からだから、その前に、内容をチェックしたいんだ。センターのとなりに静かな喫茶店があっただろう。あそこに持ってきてくれないかな。
F：はい、わかりました。「ラ・セーヌ」ですね。
M：そうそう。そこにいるから。それと、書類なんだけど、2部用意してくれるかな。
F：はい、もう用意してあります。
M：そうか。さすがだな。じゃ、よろしく頼むね。

Q：女の人は、これから何をしなければなりませんか。

5番 CD 06

女の人と男の人が話しています。男の人は、まずどこへ行かなければなりませんか。

F：あなたー。ちょっと悪いけどスーパーに行ってきて。
M：うん、いいよ。
F：えーと。これが、買い物のリスト。それからスーパーの中のクリーニング屋にこのワイシャツ出してきて。
M：あ、このワイシャツ、明日、着たいんだけど、間に合うかな。
F：11時までに持っていけば、ちょっと料金は高くなるけど、夕方にはできるわよ。
M：今10時だから時間は十分間に合うね。じゃ、行ってくるよ。
F：あ、待って。今、財布にぜんぜんお金がないの。だから先に銀行に寄ってお金5万円おろしてからスーパーに行って。あと、帰りでいいから、ちょっと遠いんだけど、郵便局行って、この葉書お願いします。
M：えー、すごいいっぱい用事があるんだなぁ。

Q：男の人はまずどこへ行かなければなりませんか。

問題2

1番 CD08

男の人と女の人が話しています。女の人は、どうして喜んでいますか。

M：嬉しそうだね。なんかいいことあったんだ。
F：えっ、わかる？
M：宝くじ当たったんだ。
F：何　言ってんの。そんなわけないでしょ。
M：じゃ、どうしたの。お金をひろったとか、親戚のおじさんにおこづかいもらったとか。
F：なんで、そんなお金のことばっかり言うのよ。
M：じゃ、あれか。恋人ができた。
F：違うわよ。あのね、インターネットで本の注文をしたの。そうしたら、ポイントがたまってて、1冊の値段で、3冊も注文できたのよ。それで、なんか得した気分なの。
M：ほら、やっぱりお金が関係してたじゃないかあ。

Q：女の人は、どうして喜んでいますか。

2番 CD09

お母さんと男の子が話しています。男の子は、どうしてごはんを食べたくないのですか。

F：あれ？どうしてごはん食べないの？ 先生に怒られたの？ それともどっか具合でも悪いの？

M：そんなんじゃないよ。熱もないし、どこも悪くないから心配しないでよ。ただ…。

F：ただ、どうしたの？

M：今日学校でね、友だちから、交通事故で死んだ人の話、聞いたんだ。

F：あら。

M：友だちは現場を見たんだって。それでぼくも気持ち悪くなっちゃって…。

F：そうだったの？

Q：男の子は、どうしてごはんを食べたくないのですか。

3番 CD10

女の人が、「日本人の好きな食べ物」について話しています。女の人は、日本全体では、何が一番だったと言っていますか。

F：えー、これは、「日本人の好きな食べ物」について調べた結果です。「肉と野菜と魚の三つのうち、どれが一番好きですか」という質問に、三つのうちから一つだけ選んで答えてもらうという調査だったんですが、まず、地域別で見ますと、肉が好きな人が40パーセントに達する所、魚が好きな人が40パーセントに達する所というふうに地域によって好みが分かれましたが、日本全体では、魚と野菜がそれぞれ30パーセント台で、意外だったのは、野菜が2位だったこと、そして肉が好きな人は28パーセントにとどまったことでした。

Q：女の人は、日本全体では、何が一番だったと言っていますか。

4番 CD11

空港のアナウンスです。小川まゆみさんは、今どこにいますか。

F：お客様のお呼び出しを申し上げます。アシアナ航空１０３便にてソウルへご出発のキム・サンユン様、アシアナ航空103便にてソウルへご出発のキム・サンユン様、いらっしゃいましたら3階出発ロビーの案内カウンターまでお越しくださいませ。お連れ様の小川まゆみ様がお待ちです。引き続きお客様のお呼び出しを申し上げます。マレーシア航空３０５便にてクアラルンプールへご出発の大野みき様、マレーシア航空305便にてクアラルンプールへご出発の大野みき様、3階出発ロビー、Cカウンターの21番までお越しくださいませ。

Q：小川まゆみさんは、今どこにいますか。

5番 CD12

会社で女の人と男の人が話しています。男の人は、どうして部長に怒られましたか。

M：きのう、部長に怒られちゃったよ。
F：えー、あのやさしい部長が怒るなんて、めずらしいわね。
M：大事な書類の入ったカバンを、電車のなかに忘れちゃってね。
F：見つからなかったの？
M：うん。駅の人にいろいろ調べてもらったんだけど、結局、見つからなくて。
F：書類をなくしたんじゃ、怒られてもしかたないわね。
M：いや、部長が怒ったのは、そのことじゃないんだ。そういうミスはだれにでもあることだからって。
F：どういうこと？
M：「どうして、すぐに会社に連絡しなかったんだ」って。ぼくは、見つかるかもしれないと思って、後回しにしちゃったんだ。
F：そう。それはまずかったわね。

Q：男の人は、どうして部長に怒られましたか。

第1回 聴解スクリプト

6番 CD13

学校で先生が、インフルエンザの予防について話しています。先生が、特に大事だと言っているのは何ですか。

M：今、はやっている新型のインフルエンザですが、学校全体がお休みになったところも出ていますので、みなさんもバスや電車に乗って出かける時は、注意してください。もう、みんなわかっていると思いますが、出かけるときはマスクをしたり、外から帰ったら、よくうがいをすること。で、それも大事ですが、特に気をつけてほしいのは、手です。手はいろいろなところを触りますし、手についたウィルスはなかなか死なないそうです。ですから、うちに帰ったら手をよく洗って、できるだけ薬で消毒してください。出かけるときに手袋をしていても同じです。うちに帰って、手袋をとって、その手袋に触ってしまえば同じことですから。

Q：先生が、特に大事だと言っているのは何ですか。

問題3

1番

男の人が**電気自動車**について話しています。

M：ガソリンで走る自動車がガソリンを入れなければならないように、電気自動車は、電池がなくなれば充電しなければなりません。これまでは、その充電に時間がかかるのが欠点だったわけですが、今年に入って、政府と自動車メーカーは、電気自動車に積んである電池そのものを交換する仕組みの開発に乗り出しました。これは、電池がなくなってきたら、ガソリンスタンドの代わりに、「電池スタンド」へ行って、新しい電池と交換するというシステムで、これだと充電に時間はかかりませんから、電気自動車がいっそう便利になると期待されています。

Q：男の人は、電気自動車の何について話していますか。
 1. 新しい電池
 2. 新しい充電システム
 3. 電池を充電する場所
 4. 電池を充電する時間

2番 CD16

女の人が、お掃除用のロボットについて話しています。

F：このまるくて薄い円盤のようなものが、お掃除用のロボットなんですが、床の上に置いてスイッチを入れるだけで、自分で動いて床の上のゴミをきれいに吸い取ってくれます。とはいっても、やはり壁ぎわや、部屋のすみの部分はどうしてもゴミが残ってしまいます。大きなゴミや家具があると、動けなくなるので、最初に人が片付けなければならないのも、ちょっとめんどうです。また、けっして静かでもありません。それでこのお値段ですから、これはまだまだ改良の余地があるんじゃないでしょうか。

Q：女の人は、何について話していますか。
　1. お掃除ロボットの長所
　2. お掃除ロボットの短所
　3. お掃除ロボットの値段
　4. お掃除ロボットの使い方

3番 CD17

女の人が講演会で話しています。

F：朝食を食べる子供が年々減っていますが、これが学力にも影響するという調査結果がこのたび明らかになりました。朝食をきちんと毎朝食べる子は、食べない子に比べ、学力テストの平均点が5点高いことがわかりました。また、睡眠時間と学力の関係も調べたところ、毎日8時間以上寝る子と6時間以下の子では、長い子のほうが平均点が10点高いことがわかりました。夜遅くまで勉強している子のほうが学力が高いように思いますが、必ずしもそうとは言えないようです。

Q：学力が高い子供はどうだ、と言っていますか。
　1. 朝食を毎朝食べて、睡眠時間も長い
　2. 朝食を毎朝食べて、睡眠時間は短い
　3. 朝食を毎朝食べず、睡眠時間は長い
　4. 朝食を毎朝食べず、睡眠時間も短い

4番 CD 18

スポーツ選手が、マラソンについて話しています。

M：マラソンは、走った経験がない人が見ると、長い距離を2時間も3時間もかけて、ただ走るだけの競技に見えるかもしれませんが、ぼくは2時間のドラマだと考えています。選手は、最初から最後まで、そのドラマの主役になれる。それが最大の魅力ですね。もう選手みんなが主役ですから、その心理的な戦いが、いろいろあるんです。集団のどの位置で走るか、どこでスピードを上げるかなど、非常に難しい。難しいだけに、成功すると、たまらないんです。

Q：男の人は、何について話していますか。
　1. マラソンのむずかしさ
　2. マラソンのおもしろさ
　3. マラソンの大変さ
　4. マラソンの大切さ

5番 CD 19

男の人が話しています。

M：みなさんの中には、子どもがペットを飼うことにはあまり賛成できないという方がいらっしゃると思います。相手は生き物ですから、ちゃんと世話をしないと死んでしまいます。だから、だめだというのもわかります。しかし、私は同じ理由から、ぜひ子供たちに生き物を飼って、育ててほしいと思うのです。世話が大変だからといって、なまけていたら、ペットは病気になったり、死んでしまったりします。上手に育てても、年をとれば死んでしまいます。そして、死んでしまったものは、もう戻っては来ません。ペットを通して、そういう命というものについて学ぶことはとても大切なことだと私は思うのです。

Q：男の人は、子供がペットを飼うことについて、どう考えていますか。
　1. どちらかと言えば賛成だ
　2. どちらかと言えば反対だ
　3. 積極的に反対だ
　4. 積極的に賛成だ

問題4

1番 CD21

F：さあ、冷めないうちにどうぞ。
M：1. はい、ごちそうさまでした。
　　2. はい、いただきます。
　　3. じゃ、ちょっとおじゃまします。

2番 CD22

M：あしたはアルバイトに来られないの？
F：1. はい、アルバイトをすることにしました。
　　2. あしたから始めさせてください。
　　3. はい、あしたは休ませてください。

3番 CD23

M：すみませんが、この本、プレゼント用に包んでもらえますか。
F：1. わあ、ありがとうございます。
　　2. はい、けっこうです。
　　3. はい、かしこまりました。

4番 CD24

F：試験どうだった？あの先生の試験はけっこう難しいって聞いてるけど。
M：1. 先生も聞いてたよ。
　　2. そんなわけにはいかないよ。
　　3. そうでもなかったよ。

5番 CD25

F：台風が来るって言うから、飛行機で行くのはやめたら？
M：1. そうだね。そんなはずはないよね。
　　2. 大丈夫。心配しなくても。
　　3. やっぱり飛行機は便利だね。

6番 CD26

M：ボランティアを募集してるんだけど、なかなか人が集まらなくて…。
F：1. わたしでよかったらお手伝いしましょうか。
　　2. それは残念でしたね。
　　3. みなさんによろしくお伝えください。

7番 CD27

M：こんな企画書じゃだめだって言われちゃったよ。自分ではうまく書いたつもりだったのに。
F：1. 早く元気になってください。
　　2. 元気出しなさいよ。
　　3. ほんとに、つまらなかったですね。

8番 CD28

M：あのチームには今度こそ勝ってほしいですよね。
F：1. なかなか買えませんからね。
　　2. いつも勝ってばかりですからね。
　　3. いつも負けてばかりですからね。

9番 CD29

F：わたしたち、あしたから海外出張ね。通訳のほう、よろしくお願いね。
M：1. うまくいってよかったですね。
　　2. 気をつけて行ってきます。
　　3. がんばって、やってみます。

10番 CD30

M：今度、事務所が移転すること、お話ししましたっけ？
F：1. はい、伺いました。
　　2. じゃ、一度お伺いします。
　　3. どうぞお話しください

11番 CD31

M：あれ？旅行に行くって言ってたのに、行かなかったの？

F：1. 行ったつもりで貯金することにしたの。
　　2. 行かなくてもかまいませんよ。
　　3. どうしても行くしかなかったんです。

12番 CD32

F：ずっとあなたと連絡とれないもんだから、何かあったのかと思いましたよ。

M：1. じゃあ、すぐ連絡します。
　　2. また何かあったら教えてください。
　　3. ご心配かけて申し訳ありませんでした。

問題5

1番

家族三人が「メタボ」について話しています。

F1：お父さん、「メタボ」ってなあに？

M：「メタボ」っていうのは「メタボリックシンドローム」のことだけど、よくそんな言葉知ってるね。

F2：利恵ちゃん、メタボっていうのはね、おへその周りが、男性なら85センチ、女性なら90センチ以上がメタボの基準でね、お父さんもそろそろ危ないのよ。気をつけてくださいね、あなた。カロリーのとりすぎとか、不規則な食生活をしているとか、運動不足の人がメタボになりやすいんですからね。それからお酒やたばこもよくないんですよ。あなた、全部当てはまりそうだわ。

M：おいおい、そんなことないよ。酒もたばこも前よりはずっと減らしてるし、それに、会社じゃパソコンの前に座りっぱなしなのわかってるから、このごろは、少しでも歩くようにしてるし…。

F2：でも、このごろ残業が多くて、晩御飯は不規則だし、食べて帰ってきた時だって、ラーメンとギョーザばっかりだったじゃない。

M：そうか、それはそうだ。

F2：でしょ。気をつけてくださいね。

M：うん、わかった。

F1：お父さん、わたし、おへその周り測ったげる。お母さん、わたし、メジャーとってくるね。

Q：お父さんがこれから、気を付けようと思ったことはどれですか。

1. へそ周りのサイズ
2. お酒とタバコ
3. 食生活
4. 運動不足

2番 CD35

家族三人が居間で話しています。

F ：わたしね、来週から、スポーツセンターに通うことにしたの。

M1：えっ、ダイエットするの？

F ：ちょっと違うの。ちゃんと運動して、汗を流して…。もちろん痩せられればいいけどね。

M2：その気持ち、わかるよ。年をとるとね、どうしても体が言うことをきかなくなってくるから。

F ：まあ、失礼ね。私は、まだ、そんな年ではありませんよ。健康のために、というのもあるけど…、私、お父さんみたいに、昔スポーツをやってたわけじゃないから、自分に体力がどれくらいあるかも知らないし、自信もないのよ。

M1：ふーん、そういう理由なんだ…。

M2：そういえば、母さんが運動するの、見たことないな。よし、じゃあ、いっしょにやって、応援しよう。

F ：それは、おことわり。というか、わたし、ほんとに自信がないのよ。だからある程度のことが出来るまで待ってほしいの。そしたら、夫婦で楽しくトレーニングしましょう。

Q ：お母さんは、なぜスポーツセンターに通うことにしましたか。

1. 年をとりたくないため
2. 体重を減らすため
3. 体力をつけるため
4. 夫婦でトレーニングするため

3番

女の人がレストランで、メニューの説明をしています。

F：今月のコース料理は、四種類ございまして、ＡとＢがシーフード、ＣとＤが肉料理となっております。Ａコースは、平目のお料理、Ｂコースは、エビのお料理となっておりまして、こちらは「本日のおすすめメニュー」でございます。Ｃコースは、当店自慢の牛肉の赤ワイン煮、Ｄコースは、若鳥の照り焼きで、若い女性のお客様に人気がございます。では、お決まりになりましたらお呼びくださいませ。

M：ぼくは、今日は魚にしようかな。

F2：じゃあＡコースね？　わたしは、お肉の方がいいなあ。

M：あ、いや。やっぱりこっちにする。今日のおすすめ。うん、これに決めた。きみは？女性に人気のコースがあったよね。

F2：それにしようかとも思ったけど、今日はあなたのおごりだし、このお店の自慢料理にするわ。

M：えー、一番高いやつだよ、それー。はいはい、わかりました。じゃあ注文するね。

質問1：この男の人は、どのコースを注文しますか。
質問2：この女の人は、どのコースを注文しますか。

第1回 聴解スクリプト

第2回　模試　聴解スクリプト

問題1

1番

昼休みに女の学生と男の学生が今夜の服装について話しています。
男の学生が着替えてくる服装はどれですか。

M：今夜の懇親会だけどさ、ジーンズにTシャツじゃまずいよな。
F：まずいにきまってるでしょ、そんなの。でもどうしてそんなこと聞くの？
M：うん、シンポジウム終わったら、そのまま夜から海行くことになったんだよ、友達と。それで、ちょっとうちに帰って、このネクタイとスーツ着替えて来たいんだよ。
F：そっか。じゃ、ジャケットだけ着て来れば。
M：靴はスニーカーでもいいかな？
F：スニーカーに合う、パンツとジャケットなら靴は革靴じゃなくてもいいんじゃないの？
M：そうだよね、じゃ、俺、ちょっと着替えて来る。

Q：男の学生が着替えてくる服装はどれですか。

2番 CD03

男の人が女の人に自分の国のおじぎについて説明しています。
これから二人がするおじぎはどれですか。

M：日本でもお寺に行った時は、手を合わせておじぎをしますね。
F：ええ、もちろん。
M：わたしたちの国ではもっと丁寧におじぎをします。
F：へえー。どんなふうに。
M：まず、胸の前で両手を合わせるのは日本と同じですが、それから膝を折るんです。両膝を折ってひざまづきます。そしてあわせた両手をはなして両手と頭を床につけます。それから頭は床につけたままで、両手を裏返して手のひらを天井に向けて持ち上げるんです。
F：へー。おもしろそー。
M：ちょっと一緒にやってみましょうか。
F：ええ。

Q：このあと二人がするおじぎはどれですか。

3番 CD04

男の人と女の人が話しています。女の人はこれから何をしますか。

M：山口さん、ちょっと大急ぎで見積書をひとつ作ってほしいんだけど。
F：はい、でも私、今からちょっと郵便局に行かないといけないんですが。それと、今日は伊藤商事の報告書も急ぐんですけど・・・。
M：報告書はいつまでに出すの？
F：あしたのお昼です。
M：見積書は今日の5時までに出さないといけないんだよなあ。ごめん、こっち先にやってよ。郵便局には他の人に行ってもらうようにするから。
F：わかりました。じゃ、報告書はあと2,30分で一段落しますから、それからかかるようにします。ただ、ちょっと銀行にも、私行かないといけないので、それからでもよろしいですか。
M：うん、とにかく5時までにできればいいから。

Q：女の人は、このあと最初に何をしますか。

4番 CD05

クレジットカード会社の電話案内です。クレジットカードが、あといくらまで使えるかを知りたいときは何番を押せばいいですか。

F：お電話ありがとうございます。ABCカードお客様センターです。音声案内に従って、電話機を操作してください。解約・紛失・盗難は1を、暗証番号の変更・照会は2を、分割払い・お支払いのご相談は3を、次回お支払いの金額・ご利用可能額は4を、そのほかのお問い合わせでオペレーターとお話になりたい場合は5を、もう一度お聞きになる場合は8をご入力ください。

Q：クレジットカードがあといくらまで使えるかを知りたい時は、何番を押せばいいですか。

5番 CD06

先生と学生が大学のキャンパスで話しています。学生は、これから何をしますか。

M1：あ、工藤君。来月から始まる公開講座のことなんだけどね。どう？　手伝ってくれる学生、集めてくれたかな？
M2：まだ、友達に声かけたくらいで、募集は始めていませんが。
M1：そろそろ始めないとね。チラシを作って配ったり、資料を作ったり、会場のセッティングもあるから、けっこう人手が要ると思うよ。
M2：はい。あしたからすぐ始めます。あの、チラシのほうは原稿ができていますので、先生にも見ていただきたいんですが。
M1：あ、そう。じゃあ、後で研究室に持ってきて。
M2：はい、パソコンに入っていますので、プリントアウトしてすぐお持ちします。
M1：うん。じゃ、あとで。ボランティアの学生集める方も、よろしく頼むね。
M2：はい、わかりました。

Q：学生は、このあと何をしますか。

問題2

1番 CD08

女の人と男の人がサービス・エリアの車の中で話しています。男の人の携帯電話はどこにありましたか。

M：さーて、それでは出発するか。あれ？ケータイどこ行ったんだ。さっきの店に置いてきたのか。

F：もー！すぐ忘れてくるんだから。でも、さっきコーヒー飲む時、ケータイ使ってなかったよ、あなた。

M：そうだよね、どっかに落としたのかな。ちょっとかけてみてよ、僕のケータイに。

F：いいわよ。

≪携帯電話がこもってなる音≫

M：あ、鳴ってる。え、どこだ？車の中だけど。

F：あーあ、もう、耳も悪いんだから。ほら、ちょっと腰を上げてみなさいよ。

≪携帯電話の音が大きくなる≫

M：なーんだ、こんなとこに。

F：わあ、くさーい。

M：うるさーい。そっか、さっき車から降りるときポケットから滑り落ちたんだ。

Q：男の人の携帯電話はどこにありましたか。

2番 CD09

女の人が今日のお天気について話しています。関東地方の今日のお天気はどうですか。

F：それでは、今日のお天気です。日中は陽射しもありますが、天気は変わりやすいでしょう。昼過ぎには各地で雨が降る見込みです。ところによっては雷が鳴るかもしれません。今日は天気の急な変化に注意してください。では、天気の移り変わりを見てみましょう。今日の日中は広い範囲で晴れる予想ですが、午前中から東海地方では雨のところがありそうです。午後になるとこの雨の降りやすいエリアは関東地方にも広がってきます。夕方以降は東京を中心に雨や雷雨になりそうです。

Q：関東地方の今日のお天気はどうですか。

3番 CD10

女の人がドレッシングの作り方を説明しています。女の人がオリーブオイルを使う理由は何ですか。

F：今日は、低カロリーの和風ドレッシングの作り方をご紹介します。まず、ベースになるのはお醤油ですね。大さじ3杯。そしてお酢を大さじ2。それからお砂糖は小さじ1。これに塩と胡椒を加えてよく混ぜます。そうして、ここにオリーブオイルを使います。オリーブオイルは香りが非常に豊かで、少量でも満足感が得られます。大さじ1杯だけ加えます。普通、市販のドレッシングは油とそれ以外の液体の割合が1対1ぐらいですけど、このように自分で作ると油を少なくしてカロリーをおさえることができますよね。はい、出来上がりです。油の少ない低カロリー和風ドレッシングです。

Q：女の人がオリーブオイルを使う理由はなんですか。

4番 CD11

女の人と男の人がペットボトル入りの飲料水について話しています。男の人が、水を変えた理由はなんですか。

F：それって、酸素が入ってる水でしょう？
M：そうそう。今度はこれに変えたんだ。
F：頭がすっきりするとか、健康にいいとか宣伝しているようだけど、ほんとうなの？
M：そんな感じもするけど、いいんだよ。クスリじゃないんだから。
F：でも、ちょっと高いと思わない？　ただの水だよ。
M：僕はそう思わないな。水にもいろんな味があるし、ジュースとかコーラより、僕は水の方が好きだよ。でも、いつもおんなじのを飲んでると、飽きるんだよね。時々変化がほしくなる。
F：ふーん、そうだったんだ。だから、新しいのが出るとすぐ買うんだね。

Q：男の人が、水を変えた理由はなんですか。

5番 CD12

女の学生と男の学生が、田中君のことを話しています。田中君はどうして先生にほめられたのですか。

F：きのう、田中君、先生にほめられたんだよ。
M：優等生だもんね、田中君は。
F：うん。宿題のノートを忘れたの。
M：どうして、なんでそれでほめられるわけ？
F：友だちに宿題のノートを貸したんだけどね、きのう、その子が学校休んじゃって。でも、田中君はそれを黙ってたのよ。先生は、でも、なんとなく教師のカンでそれがわかったから、人のせいにしないのは偉いって、ほめたのよ。田中君、すてきよねー。
M：でも、ノートを貸したりするのは、よくないよ。
F：うん、そのことは先生にも注意されたんだけどね。

Q：田中君はどうして先生にほめられたのですか。

6番 CD13

男の人が話しています。男の人は、友達作りが上手な子供は、何の影響を受けていると言っていますか。

M：昔から、「人を見たら泥棒と思え。」という言葉がありますが、今では、「人を見たら、走って逃げろ。」と言ったほうがいいかもしれないぐらい、現実の社会は冷たく厳しいものになっています。いつ、だれに何をされるかわからないと感じている大人たちが増えているために、その影響を受けて、今の子供たちは、友だちづくりが苦手になってしまっているようです。もちろん中には、友だちづくりがとても上手な子供もいます。やさしくて、周りによく気を使う子です。実は、彼らの周りには、かならずそのような大人たちがいます。彼らは、その大人たちから友だちづくりを学んでいるのです。我々大人はそのことを忘れてはいけないと思うのです。

Q：友達作りが上手な子供は、何の影響を受けていると言っていますか。

問題3

1番 CD15

テレビでアナウンサーが、「読書に関する調査」の結果を話しています。

F：最近は本を読む人が少なくなったと言われますが、実際はどうなのでしょうか。10代後半から60代までの方を対象に調査したところ、全体の約半数にあたる、46パーセントの人が1か月に1冊も本を読んでいないことがわかりました。一方、1か月に1、2冊読むという人は36パーセント。3、4冊読むが10パーセント。5、6冊、そして7冊以上読むという人は、それぞれ4パーセントでした。今回の調査では雑誌やマンガは含まれませんでしたが、10年前に比べると、まったく本を読まないという人が10パーセントも増えていることが分かりました。

Q：これは、読書の何についての調査ですか。
   1. 読書の量
   2. 読書の種類
   3. 読書の方法
   4. 読書の理由

2番 CD16

家具の売り場で店員が話しています。

M：こちらの鏡をちょっとご覧ください。よく玄関や寝室に置いてある全身を映す鏡ですが、大きな地震のときなどに、倒れて割れてしまうと大変危険です。実際に地震が起きた地域では、そのようなケガが発生しています。そこで、こちらの鏡なんですが、軽くてしっかりした高品質のプラスチック素材ですので、地震などで倒れても、ガラスの鏡のように割れて人がケガをする心配はありません。お値段の方はガラスの鏡よりちょっと高めになりますが、本日はこちらの特別価格でご奉仕いたしております。

Q：店員は、何について説明していますか。
 1. ガラスの鏡の経済性
 2. ガラスの鏡の安全性
 3. プラスチックの鏡の経済性
 4. プラスチックの鏡の安全性

3番 CD17

女の人が、テレビ番組について話しています。

F：先日フランスから日本へ戻ってきて、気付いたことがあります。フランスには、半年住んでいたんですが、あちらのテレビでは、非常に討論番組が盛んで、毎晩のように出演者が、ああでもないこうでもないと議論しています。議論をするのが好きなんですね。ところが日本へ帰ってきて、一週間テレビを見ていても、ほとんど議論らしい議論は見当たらない。代わりに目につくのがお笑い番組の多さです。どのチャンネルに変えても「アハハハ…」と笑っている。フランスにも、お笑いはありますが、目立たない。これもお国柄なんでしょうね。

Q：女の人は、どんなことに気がつきましたか。
 1. フランスではお笑い番組が、日本では討論番組が少ないこと
 2. フランスでは討論番組が、日本ではお笑い番組が少ないこと
 3. 日本でもフランスでも、お笑い番組が多いこと
 4. 日本でもフランスでも、討論番組が多いこと

4番

ラジオの番組で、女の人が新しく公開される映画について話しています。

F：さあー、いよいよ『ダヴィンチ・モード』が来週、日本でも公開されます。主演はあのロバート・ベッカム。監督もロバート・ベッカム。そうなんです。ベッカム初めての監督作品なんです。これだけでも、この映画、見る価値がありますよね。そしてヒロイン役は、話題の新人マリリン・ヘップバーン。この映画、きっと彼女の代表作になると思いますよ。彼女のすばらしい演技はアカデミー賞ものです。でも、この映画、魅力は俳優だけではありません。なんといっても注目は映画のラスト。最後の最後に大変な秘密が…。あ～、もうこれ以上はお話できません。あなたもお近くの劇場で、ぜひ、ご覧ください。

Q：女の人は映画の何について話していますか。

 1. ストーリー
 2. 俳優の魅力
 3. アカデミー賞の可能性
 4. 注目すべき点やみどころ

5番 CD19

政治集会で男の人が演説をしています。

M：友愛党は、来年から子供1人に対して月1万円の手当を出す「子供手当」を提案していますが、私はこれには賛成できません。収入が増えて助かると思う人もいるかもしれませんが、それは一時的なことです。友愛党は3年後には消費税を上げようと考えていて、もし消費税が上がったら、確実に月1万円以上、各家庭の負担は増えるからです。われわれ民自党は、消費税を上げることに断固として反対します。まずは税金の無駄遣いをやめることから、始めるべきだと考えます。

Q：男の人はどう考えていますか。
1.「子供手当」には反対、消費税を上げることは賛成。
2.「子供手当」には賛成、消費税を上げることは反対。
3.「子供手当」にも、消費税を上げることにも反対。
4.「子供手当」にも、消費税を上げることにも賛成。

問題4

1番 CD21

F：お客様、プレゼントでしたらリボンをおつけしましょうか。

M：1. プレゼントなら、もう買いました。
　　2. はい、その通りです。
　　3. そうですね、お願いします。

2番 CD22

F：今日は2時から試験でしょ？早く行かないと間に合いませんよ。

M：1. はい、がんばります。
　　2. 大変だ。急がなきゃ。
　　3. もちろん試験は受けますよ。

3番 CD23

M：よかったねー。大学院合格したんだって？

F：1. どうもおめでとうございます。
　　2. どうもおつかれさまでした。
　　3. はい、おかげさまで。

4番 CD24

M：あしたの卒業式って、出なきゃなんないかな。

F：1. そうね、あしたは楽しみね。
　　2. そんなの当たり前でしょ。
　　3. もう少しで遅刻しそうになったわ。

5番 CD25

F：こちらのほうへは、いついらしたんですか？

M：1. いつか行きたいと思っています。
　　2. 5日ほどおりました。
　　3. 昨日参りました。

6番 CD26

M：あれ？まだ残って仕事してたんですか。あしたから出張でしょ？
F：1. ええ、今出かけたところです。
　　2. ええ、そろそろ帰ります。
　　3. でも、残業までするつもりはありません。

7番 CD27

F：あの国の人口は2千万人ぐらいでしょうかね。
M：1. いや、そんなもんじゃないと思いますよ。
　　2. いや、それどころじゃないと思いますよ。
　　3. それはそうじゃないと思いますよ。

8番 CD28

M：あ、いけない。カメラ持ってくるの忘れちゃった。
F：1. あれほど言ったのに。
　　2. そんなの忘れっこないわよ。
　　3. へー、そうだったんだ。

9番 CD29

M：わざわざ持って来ていただくのも大変ですから、宅急便でお送りください。
F：1. では、そのようにさせていただきます。
　　2. では、すぐお持ちします。
　　3. どうもご迷惑をおかけしました。

10番 CD30

M：例の件は、小沢部長におっしゃっていただけましたか。
F：1. はい、申しておりました。
　　2. はい、お伝えしておきました。
　　3. 小沢はただいま席をはずしておりますが。

第2回 聴解スクリプト

11番 CD 31

F：ほんとにもー、あの人ったら、守れるはずもない約束ばかりするんですよ。

M：1. 約束したら守らなくちゃいけませんよね。
　　2. 守らざるをえないでしょうね。
　　3. そんなはずはありませんよね。

12番 CD 32

F：名前だけしかわからないんですが、どの学校に通っているか調べてもらえませんか。

M：1. 名前だけでは調べようがありませんね。
　　2. それじゃ、調べるわけですよ。
　　3. なかなかうまくいきませんね。

問題5

[1番] CD 34

学生三人が、ゼミの打ち上げについて話しています。

M1: あのさ、ゼミの打ち上げのお店、どうする？　やっぱたくさん食べられる店がいいよね。だとすると、居酒屋かなあ。

F ： えー、また居酒屋？　たまにはちょっとおしゃれなレストラン、っていうのも、いいんじゃない？

M2: うん、たまには雰囲気、変えてみるのもいいね。でも、高い店はちょっと……

M1: だよね。やっぱり学生なんだからさ、安さ優先だよ。

F ： 私も、安いほうがいいけど、でも、いつもの居酒屋はやだ。うるさくて、ゆっくり話せないんだもん。たまには落ち着いて、みんなと話したいんだよね、私。

M1: でも、静かすぎるところで、さあ、話しましょう、っていうのも、かえって話しにくいんじゃない？　俺は料理の量が多いところじゃないと満足できない。

M2: 難しいね……。あ、そうだ、駅のそばに新しくできた居酒屋、個室があるらしいよ。部屋が分かれてれば、そんなにうるさくないし。そこはどう？

F ： あ、それなら居酒屋でもいいや。

M1: じゃ、そうしよう。

Q ： 三人は、どういう店に行くことにしましたか。
　　1. 新しくできた、静かなレストラン
　　2. おしゃれな雰囲気の居酒屋
　　3. 値段の安い居酒屋
　　4. 個室がある新しい居酒屋

2番 CD35

女の人が、健康診断を受ける部屋の説明をしています。

F1： えー、健康診断は、女性と男性、別々に受けてもらいます。女性は、この階の1号室と2号室で、男性はこの上の階の3号室と4号室で受けてください。それから、さっき配ったピンクとブルーの整理券を持っていると思いますが、女性はピンクの1番から50番までが1号室。51番からが2号室になります。男性はブルーの整理券の1番から40番までが3号室。残りは4号室で健康診断を受けてください。

M： あれ、ぼくのって、これ81番かな？

F2： そんなわけないでしょ。男子は80人もいないんだから。ほら、やっぱりそうだ。さかさまでしょ、さかさま。上と下が。

M： ほんとだ。あー、よかった。10番台ならけっこう早く終わりそうだね。きみは？

F2： わたしはラッキーセブンがふたつ。あー、番号はいいんだけど、ちょっと時間がかかりそう。

質問1：この男の人は、どの部屋ですか。
質問2：この女の人は、どの部屋ですか。

3番 CD36

レンタル農園で男の人が野菜の種まきについて説明しています。

M1: えー、今日の種まきはこの三つです。まず、これはダイコン。ダイコンには30日ぐらいで収穫できるミニタイプと、じっくり3カ月かけて育てて収穫する大型のタイプがあります。収穫まで長くかかるものは、その間の管理が難しいので、初心者の方には早くできるタイプをお勧めします。それから、こちらはハクサイ。ハクサイも収穫まで45日ぐらいでできるミニタイプと、3カ月以上かかる大きいタイプがあります。やはり栽培期間が短いほうが初心者はつくりやすいでしょう。最後がラディッシュ。これはどなたにでも簡単にできるので、皆さんにお勧めですよ。

M2: ねえ、どれまこうか。野菜づくりにも少し慣れてきたから難しいのに挑戦してみようか。

F ：でも、失敗するのはいやだし、私は、初心者向きにしておく。

M2: 僕はダイコンは難しいのに挑戦してみるよ。君もやってみなよ。このあいだのキュウリも上手に作れたじゃない。

F ：そうね、やってみるか、私も。じゃ、私はハクサイの方に挑戦してみる。

M2: オーケー、その意気、その意気。あと、ラディッシュは？　僕は少しだけ、まいてみる。

F ：私、あんまり好きじゃないから、いい、ラディッシュは。

質問1：この男の人は、どの種をまくことにしましたか。
質問2：この女の人は、どの種をまくことにしましたか。

第2回　聴解スクリプト

N2（第1回）言語知識（文字・語彙・文法）・読解 解答用紙

N2（第1回）聴解 解答用紙

受験番号 Examinee Registration Number

名 前 Name

< ちゅうい Notes >

1. くろいえんぴつ（HB、No.2）で かいてください。
   Use a black medium soft (HB or No.2) pencil.
2. かきなおすときは、けしゴムで きれいにけしてください。
   Erase any unintended marks completely.
3. きたなくしたり、おったりしないで ください。
   Do not soil or bend this sheet.
4. マークれい　Marking examples

よい Correct	わるい Incorrect
●	⊘ ○ ◐ ◑ ○

問題 1

1	①	②	③	④
2	①	②	③	④
3	①	②	③	④
4	①	②	③	④
5	①	②	③	④

問題 2

1	①	②	③	④
2	①	②	③	④
3	①	②	③	④
4	①	②	③	④
5	①	②	③	④
6	①	②	③	④

問題 3

1	①	②	③	④
2	①	②	③	④
3	①	②	③	④
4	①	②	③	④
5	①	②	③	④

問題 4

1	①	②	③
2	①	②	③
3	①	②	③
4	①	②	③
5	①	②	③
6	①	②	③
7	①	②	③
8	①	②	③
9	①	②	③
10	①	②	③
11	①	②	③
12	①	②	③

問題 5

1		①	②	③	④
2		①	②	③	④
3	(1)	①	②	③	④
	(2)	①	②	③	④

N2（第2回） 言語知識（文字・語彙・文法）・読解 解答用紙

N2（第2回）聴解　解答用紙

受験番号　Examinee Registration Number

名前　Name

< ちゅうい　Notes >

1. くろいえんぴつ（HB、No.2）でかいてください。
   Use a black medium soft (HB or No 2) pencil.
2. かきなおすときは、けしゴムできれいにけしてください。
   Erase any unintended marks completely.
3. きたなくしたり、おったりしないでください。
   Do not soil or bend this sheet.
4. マークれい　Marking examples

よい Correct	わるい Incorrect
●	⊗ ◯ ◐ ● ◎ ①

問題 1

1	①	②	③	④
2	①	②	③	④
3	①	②	③	④
4	①	②	③	④
5	①	②	③	④

問題 2

1	①	②	③	④
2	①	②	③	④
3	①	②	③	④
4	①	②	③	④
5	①	②	③	④
6	①	②	③	④

問題 3

1	①	②	③	④
2	①	②	③	④
3	①	②	③	④
4	①	②	③	④
5	①	②	③	④

問題 4

1	①	②	③
2	①	②	③
3	①	②	③
4	①	②	③
5	①	②	③
6	①	②	③
7	①	②	③
8	①	②	③
9	①	②	③
10	①	②	③
11	①	②	③
12	①	②	③

問題 5

1		①	②	③	④
2	(1)	①	②	③	④
	(2)	①	②	③	④
3	(1)	①	②	③	④
	(2)	①	②	③	④

N2（予備1）言語知識（文字・語彙・文法）・読解 解答用紙

受験番号
Examinee Registration Number

名前
Name

問題 1
	①	②	③	④
1	①	②	③	④
2	①	②	③	④
3	①	②	③	④
4	①	②	③	④
5	①	②	③	④

問題 2
	①	②	③	④
6	①	②	③	④
7	①	②	③	④
8	①	②	③	④
9	①	②	③	④
10	①	②	③	④

問題 3
	①	②	③	④
11	①	②	③	④
12	①	②	③	④
13	①	②	③	④
14	①	②	③	④
15	①	②	③	④

問題 4
	①	②	③	④
16	①	②	③	④
17	①	②	③	④
18	①	②	③	④
19	①	②	③	④
20	①	②	③	④
21	①	②	③	④
22	①	②	③	④

問題 5
	①	②	③	④
23	①	②	③	④
24	①	②	③	④
25	①	②	③	④
26	①	②	③	④
27	①	②	③	④

問題 6
	①	②	③	④
28	①	②	③	④
29	①	②	③	④
30	①	②	③	④
31	①	②	③	④
32	①	②	③	④

問題 7
	①	②	③	④
33	①	②	③	④
34	①	②	③	④
35	①	②	③	④
36	①	②	③	④
37	①	②	③	④
38	①	②	③	④
39	①	②	③	④
40	①	②	③	④
41	①	②	③	④
42	①	②	③	④
43	①	②	③	④
44	①	②	③	④

問題 8
	①	②	③	④
45	①	②	③	④
46	①	②	③	④
47	①	②	③	④
48	①	②	③	④
49	①	②	③	④

問題 9
	①	②	③	④
50	①	②	③	④
51	①	②	③	④
52	①	②	③	④
53	①	②	③	④
54	①	②	③	④

問題 10
	①	②	③	④
55	①	②	③	④
56	①	②	③	④
57	①	②	③	④
58	①	②	③	④
59	①	②	③	④

問題 11
	①	②	③	④
60	①	②	③	④
61	①	②	③	④
62	①	②	③	④
63	①	②	③	④
64	①	②	③	④
65	①	②	③	④
66	①	②	③	④

問題 12
	①	②	③	④
67	①	②	③	④
68	①	②	③	④

問題 13
	①	②	③	④
69	①	②	③	④
70	①	②	③	④
71	①	②	③	④

問題 14
	①	②	③	④
72	①	②	③	④
73	①	②	③	④

＜ちゅうい Notes＞

1. くろいえんぴつ（HB、No.2）で かいてください。
 Use a black medium soft (HB or No 2) pencil.
2. かきなおすときは、けしゴムで きれいにけしてください。
 Erase any unintended marks completely.
3. きたなくしたり、おったりしないで ください。
 Do not soil or bend this sheet.
4. マークれい　Marking examples

よい Correct	わるい Incorrect
●	⊗ ◯ ◉ ◍ ◐ ①

N2（予備1） 聴解　解答用紙

受験番号　Examinee Registration Number

名前　Name

＜ちゅうい Notes＞

1. くろいえんぴつ (HB、No.2) でかいてください。
   Use a black medium soft (HB or No.2) pencil.
2. かきなおすときは、けしゴムできれいにけしてください。
   Erase any unintended marks completely.
3. きたなくしたり、おったりしないでください。
   Do not soil or bend this sheet.
4. マークれい　Marking examples

よい Correct	わるい Incorrect
●	⊗ ◯ ◐ ◑ ◎

問題 1

1	①	②	③	④
2	①	②	③	④
3	①	②	③	④
4	①	②	③	④
5	①	②	③	④

問題 2

1	①	②	③	④
2	①	②	③	④
3	①	②	③	④
4	①	②	③	④
5	①	②	③	④
6	①	②	③	④

問題 3

1	①	②	③	④
2	①	②	③	④
3	①	②	③	④
4	①	②	③	④
5	①	②	③	④

問題 4

1	①	②	③
2	①	②	③
3	①	②	③
4	①	②	③
5	①	②	③
6	①	②	③
7	①	②	③
8	①	②	③
9	①	②	③
10	①	②	③
11	①	②	③
12	①	②	③

問題 5

1		①	②	③	④
2		①	②	③	④
3	(1)	①	②	③	④
	(2)	①	②	③	④

N2（予備2）言語知識（文字・語彙・文法）・読解 解答用紙

N2（予備2） 聴解 解答用紙

受験番号 Examinee Registration Number

名前 Name

問題 1

1	①	②	③	④
2	①	②	③	④
3	①	②	③	④
4	①	②	③	④
5	①	②	③	④

問題 2

1	①	②	③	④
2	①	②	③	④
3	①	②	③	④
4	①	②	③	④
5	①	②	③	④
6	①	②	③	④

問題 3

1	①	②	③	④
2	①	②	③	④
3	①	②	③	④
4	①	②	③	④
5	①	②	③	④

問題 4

1	①	②	③
2	①	②	③
3	①	②	③
4	①	②	③
5	①	②	③
6	①	②	③
7	①	②	③
8	①	②	③
9	①	②	③
10	①	②	③
11	①	②	③
12	①	②	③

問題 5

1		①	②	③	④
2	(1)	①	②	③	④
2	(2)	①	②	③	④
3	(1)	①	②	③	④
3	(2)	①	②	③	④

〈ちゅうい Notes 〉

1. くろいえんぴつ（HB、No.2）で かいてください。
   Use a black medium soft (HB or No 2) pencil.
2. かきなおすときは、けしゴムで きれいにけしてください。
   Erase any unintended marks completely.
3. きたなくしたり、おったりしないで ください。
   Do not soil or bend this sheet.
4. マークれい Marking examples

よい Correct	わるい Incorrect
●	⊘ ◯ ◉ ◍ ⊙ ◐

新JLPT研究会

松岡　龍美（東京日本語教育センター 講師）
青山　美佳（フリーランス編集者・ライター）
谷　　誠司（常葉学園大学 准教授）
TAK日本語能力試験研究会
金　　照雄（時事日本語学院 院長）
長谷川由美（大真大学校 講師）

解説・対策
言語知識／東 美由紀（東京日英学院 非常勤講師）
聴　　解／嵐 洋子（杏林大学 講師）

翻訳
株式会社ラテックス・インターナショナル／Jo Lumley（英語）
耿 梅晶／邵 婷婷（中国語）
金 美貞／金 愛蘭（韓国語）

日本語能力試験 模試と対策 N2
2010年5月21日 初版 第1刷発行

本体価格　　1600円

新JLPT研究会 著
アスク出版編集部 編

発　行　株式会社アスク出版
　　　　〒162-8558　東京都新宿区下宮比町2-6
　　　　TEL.03-3267-6864　FAX.03-3267-6867

発行人　　天谷修平

ＤＴＰ　　oryzae 絵田裕子
印刷・製本　株式会社廣済堂

許可なしに転載、複製することを禁じます。
©2010 Originally Published by SISA Japanese Publishing Co., Ltd.
©2010 ASK Publishing Co., Ltd.
Printed in Japan　ISBN978-4-87217-744-2

日本語能力試験 模試と対策

N2

解答・解説・対策

Separate answer booklet with explanations
(including English translation)

另附・答案解析（附有中文翻译）
별책・해답해설서（한국어역 포함）

| 解　答 |
| 採点表 |
| 第1回　解説 |
| 第2回　解説 |
| 対　策 |

日本語能力検定試験 模試と対策 N2
▶別冊もくじ

第1回　解答	2
第2回　解答	3
模試の採点表と分析	4
模試　第1回　解説	6
模試　第2回　解説	25
言語知識の対策（日本語）	43
聴解の対策　　（日本語）	45
言語知識の対策（英語）	47
聴解の対策　　（英語）	49
言語知識の対策（中国語）	52
聴解の対策　　（中国語）	54
言語知識の対策（韓国語）	56
聴解の対策　　（韓国語）	58

◆ N2／第1回 解答

言語知識（文字・語彙・文法）・読解

1	2	3	4	5	6	7	8	9	10
1	2	2	3	1	2	4	3	3	2

11	12	13	14	15	16	17	18	19	20
3	2	3	4	2	3	3	2	1	1

21	22	23	24	25	26	27	28	29	30
4	2	4	1	4	3	4	2	4	3

31	32	33	34	35	36	37	38	39	40
1	4	4	1	2	2	2	2	4	3

41	42	43	44	45	46	47	48	49	50
3	3	1	3	4	3	2	4	2	3

51	52	53	54	55	56	57	58	59	60
4	1	3	1	2	4	4	2	3	3

61	62	63	64	65	66	67	68	69	70
4	2	4	1	3	4	2	4	1	3

71	72	73
2	3	4

聴解

問題1

1	2	3	4	5
2	4	3	1	1

問題2

1	2	3	4	5	6
4	3	3	1	4	1

問題3

1	2	3	4	5
2	2	1	2	4

問題4

1	2	3	4	5	6	7	8	9	10
2	3	3	3	2	1	2	3	3	1

11	12
1	3

問題5

1	2	3-(1)	3-(2)
3	3	2	3

◆ N2／第2回 解答

言語知識（文字・語彙・文法）・読解

1	2	3	4	5	6	7	8	9	10
2	1	3	4	1	2	1	3	2	4

11	12	13	14	15	16	17	18	19	20
4	1	2	4	1	2	4	1	1	3

21	22	23	24	25	26	27	28	29	30
4	3	4	4	2	3	2	3	4	1

31	32	33	34	35	36	37	38	39	40
3	2	4	3	2	2	3	2	2	2

41	42	43	44	45	46	47	48	49	50
1	1	3	4	1	2	1	1	4	4

51	52	53	54	55	56	57	58	59	60
3	3	1	2	2	4	3	3	4	2

61	62	63	64	65	66	67	68	69	70
3	1	3	3	2	4	3	3	4	2

71	72	73
2	2	3

聴解

問題1

1	2	3	4	5
2	1	4	4	2

問題2

1	2	3	4	5	6
4	2	2	4	1	3

問題3

1	2	3	4	5
1	4	1	4	3

問題4

1	2	3	4	5	6	7	8	9	10
3	2	3	2	3	2	1	1	1	2

11	12
1	1

問題5

1	2-(1)	2-(2)	3-(1)	3-(2)
4	3	2	2	3

日本語能力試験 模試と対策 N2 ──解答・解説・対策編──

◆ 模試の採点表と分析

Practice Test Scoring Table and Analysis ／
模拟试题评分表和分析／모의시험 채점표와 분석

■採点表　下の表に得点を記入してみましょう。

Scoring table Write your score in the table below ／评分表 请在下表里记入得分／채점표　아래의 표에 득점을 기입해 봅시다．

<table>
<tr><th rowspan="2"></th><th rowspan="2"></th><th rowspan="2">配点</th><th rowspan="2">満点</th><th colspan="2">正解した問題の数</th><th colspan="2">点　数</th></tr>
<tr><th>第1回</th><th>第2回</th><th>第1回</th><th>第2回</th></tr>
<tr><td rowspan="10">文字・語彙・文法</td><td>問題 1</td><td>1 点×5 問</td><td>5 点</td><td></td><td></td><td></td><td></td></tr>
<tr><td>問題 2</td><td>1 点×5 問</td><td>5 点</td><td></td><td></td><td></td><td></td></tr>
<tr><td>問題 3</td><td>1 点×5 問</td><td>5 点</td><td></td><td></td><td></td><td></td></tr>
<tr><td>問題 4</td><td>1 点×7 問</td><td>7 点</td><td></td><td></td><td></td><td></td></tr>
<tr><td>問題 5</td><td>1 点×5 問</td><td>5 点</td><td></td><td></td><td></td><td></td></tr>
<tr><td>問題 6</td><td>2 点×5 問</td><td>10 点</td><td></td><td></td><td></td><td></td></tr>
<tr><td>問題 7</td><td>1 点×12 問</td><td>12 点</td><td></td><td></td><td></td><td></td></tr>
<tr><td>問題 8</td><td>1 点×5 問</td><td>5 点</td><td></td><td></td><td></td><td></td></tr>
<tr><td>問題 9</td><td>1 点×5 問</td><td>5 点</td><td></td><td></td><td></td><td></td></tr>
<tr><td colspan="2">合計</td><td>59 点</td><td></td><td></td><td>a</td><td>a</td></tr>
</table>

※ **60 点にするための計算式**（言語知識／ Language Knowledge ／言语知识／언어 지식）
Formula to calculate your score on the 60 point scale ／得分为 60 分的计算法／60 점 만점을 위한 계산식

第 1 回：言語知識（文字・語彙・文法）　[a]　点÷ 59 × 60 ＝　[A]　点

第 2 回：言語知識（文字・語彙・文法）　[a]　点÷ 59 × 60 ＝　[A]　点

もし A B C が 48 点（80％）以下の場合は、解説や対策を読んで勉強しよう（48 点はこの本の基準です）。
49 点以上の場合は、第 2 回目の模試をやってみよう。

If you got 48 marks or less for A, B or C, please read the explanations and techniques and study accordingly (48 marks or higher is the minimum acceptable score in this book). If you got 49 marks or higher, please try the second practice test.

如果 ABC 的得分在 48 分以下的话，就参照学习解说和对策部分的内容吧 (48 分是这本书的基准分)。
得分在 49 分以上的话，就做第 2 回的考试吧。

만약 ABC 가 48 점 이하인 경우에는 해설이나 대책을 읽고 공부하도록 합니다．(48 점은 이 책의 기준입니다)．
49 점 이상인 경우에는 제 2 회 모의 시험을 풀어봅시다．

		配点	満点	正解した問題の数		点　数	
				第1回	第2回	第1回	第2回
読解	問題10	2点×5問	10点				
	問題11	3点×7問	21点				
	問題12	3点×2問	6点				
	問題13	4点×3問	12点				
	問題14	4点×2問	8点				
	合計		57点			b	b

※60点にするための計算式 （読解／ Reading Comprehension ／阅读理解／독해）
Formula to calculate your score on the 60 point scale ／得分为60分的计算法／60점 만점을 위한 계산식

第1回：読解　[b]　点÷ 57 × 60 ＝ [B]　点

第2回：読解　[b]　点÷ 57 × 60 ＝ [B]　点

		配点	満点		正解した問題の数		点　数	
					第1回	第2回	第1回	第2回
聴解	問題1	2点×5問	10点					
	問題2	2点×6問	12点					
	問題3	2点×5問	10点					
	問題4	1点×12問	12点					
	問題5	3点	12点	15点				
	1回 ｜ 2回	×4問 ｜ ×5問						
	合計	108問	56点	59点			c	c

※60点にするための計算式 （聴解／ Listening ／听解／청해）
Formula to calculate your score on the 60 point scale ／得分为60分的计算法／60점 만점을 위한 계산식

第1回：聴解　[c]　点÷ 56 × 60 ＝ [C]　点

第2回：聴解　[c]　点÷ 59 × 60 ＝ [C]　点

第1回 言語知識

Language Knowledge ／言語知識／언어 지식

文字・語彙
Kanji Reading and Vocabulary ／文字・词汇／문자・어휘

▶問題1　漢字読み
Section1　Kanji Reading ／
问题1 汉字的读音问题／문제1 한자 읽기

1 「袋」は「レジ袋」、「紙袋」のように、前に言葉がつくと読み方が変わるので注意。「2　箱」も2009年までの日本語能力試験、『出題基準』の2級レベルの漢字なので、合わせて覚えておこう。

Just like the words レジ袋 (ぶくろ) (plastic bag) and 紙袋 (かみぶくろ), remember that the reading of the kanji 袋 changes when it is preceded by a noun. (2) 箱 (はこ) was a Level 2 kanji that appeared in the 出題基準 (Test Content Specifications) of the Japanese-Language Proficiency Test until 2009.

「袋」这个字像「レジ袋（ぶくろ）」（银台发的塑料袋），「紙袋（かみぶくろ）」这样前面加入其他单词的时候，读音将发生变化，应引起注意。而「2　箱（はこ）」也是截止到2009年的日语能力考试『出題基準』（出题标准）的2级水平的单词，应该配合起来一起记忆。

「袋」는「レジ袋（ぶくろ）」（레지 봉투），「紙袋（かみぶくろ）」와 같이 앞에 다른 말이 붙으면 읽는 법이 바뀌므로 주의할 것.「2 箱（はこ）」도 2009 년까지의 일본어능력시험『出題基準』（출제 기준）2급 레벨의 한자이므로 같이 익혀 두자.

2 「含む」は「～を入れて」という意味。1は「囲む」、3は「包む」、4は「畳む」で、すべて2級レベルの漢字である。

Within the context of this question the word 含む means ～を入れて (including---, containing). The kanji for the remaining answers are as follows: (1) is 囲む, (3) is 包む, and (4) is 畳む. All of these are Level 2 kanji.

「含む」的意思是「～を入れて」（包括～）。第一选项是「囲む」，第三选项是「包む」，第四选项是「畳む」，全部都为二级水平的汉字。

「含む」는「～を入れて」（～을 넣어서）라는 의미. 1은「囲む」, 3은「包む」, 4는「畳む」로, 모두 2급 레벨의 한자이다.

3 「再生紙」は使用後の紙を作り直して、もう一度使えるようにした紙のこと。「生」は「セイ・ショウ・いきる・いかす・うむ・き・なま・はえる」など、読み方が多いので正確に覚えておこう。

The word 再生紙 refers to previously used paper that has been recycled for reuse. 生 has a number of different readings, such as セイ・ショウ・いきる・いかす・うむ・き・なま・はえる, so make sure you correctly remember the appropriate reading for words that contain this kanji.

「再生紙」的意思是将使用过的纸重新制作成可以再使用一次的纸。「生」有「セイ・ショウ・いきる・いかす・うむ・き・なま・はえる」等很多读音，应该正确记忆。

「再生紙」는 사용한 종이를 다시 만들어서 한번 더 쓸 수 있도록 한 종이이다.「生」는「セイ・ショウ・いきる・いかす・うむ・き・なま・はえる」등 읽는 법이 많으므로 정확하게 알아 두자.

4 「添付」は書類などを一緒につけること。「保存」や「転送」などコンピューターでよく使う用語はまとめて覚えておくと便利。

添付 refers to something, such as document, that is attached to an e-mail. The words 保存 (save) and 転送 (forward) are frequently used computer terms, so the easiest thing to do is memorize these words together as one set.

「添付」的意思是将文件等一起附加上。「保存」（保存）和「転送」（转发）等都是经常使用的电脑用语，综合起来一起记忆的话用起来将会很方便。

「添付」는 서류 따위를 같이 붙이는 것.「保存」（보존）이나「転送」（전송）등 컴퓨터 관련 용어는 같이 정리해서 외워 두면 편리하다.

5 「大」の読み方は「ダイ・タイ・おお」で間違えやすいので注意すること。「大地」「大家族」、「大会」「大気」、「大雨」「大型」など。

The kanji 大 is read as ダイ・タイ・おお. These are easily confused, so make sure you memorize the correct reading for words using 大. Some examples of words featuring this kanji are 大地，大家族，大会，大気，大雨, and 大型.

「大」的读音有「ダイ・タイ・おお」，很容易混淆，应加以注意。例如「大地」「大家族」、「大会」「大気」、「大雨」「大型」等等。

「大」는「ダイ・タイ・おお」로 읽는데 틀리기 쉬우므로 주의할 것.「大地」「大家族」,「大会」「大気」,「大雨」「大型」등.

▶問題2　表記
Section 2 Orthography ／问题2 书写／문제2 표기

6 「避難」は災難を避けるために、一時的に別の場所に逃げること。1も「非難」と読むが、間違いや欠点を責めること。3、4の言葉はない。

The word 避難 means to temporarily evacuate to a different location in order to avoid a disaster (namely natural disasters). Answer (1) 非難 also shares the same reading, but it refers to criticizing someone for a mistake or shortcoming. Answers (3) and (4) are not real words.

「避難」的意思是，为了避免灾难，先到别的地方躲一躲。第一选项虽然读音相同，但「非難」的意思是责备他人的错误以及不足之处。而第三选项和第四选项的单词并不存在。

「避難」은 재난을 피하기 위하여 일시적으로 다른 장소로 도망가는 것. 1도「非難（ひなん）」이라고 읽는데, 잘못이나 결점을 탓한다는 뜻이다. 3, 4와 같은 말은 없다.

7 1～3の言葉はないが、「正」「整」「制」「製」はすべて「セイ」と読む。「制」と「製」は形が似ているので注意。

Though answer (4) is the only real word, 正, 整, 制, and 製 are all read as セイ. Pay special attention to the kanji 制 and 製, for they are easy to confuse.

虽然第一选项到第三选项中的单词并不存在，但是「正」「整」「制」「製」全部读作「セイ」。而「制」与「製」的写法很相似，应加以注意。

1～3의 말은 없는데,「正」「整」「制」「製」는 모두「セイ」라고 읽는다.「制」와「製」는 모양이 비슷하므로 주의할 것.

⑧ 「検索」はデータから必要な情報を調べること。「2 検査」も調べることだが、異常がないかどうか調べること。1、4の言葉はない。

The word 検索 means to search for the data or specific information you need. Though 検査 in answer (2) shares a similar meaning, it refers to determining whether there is a problem or abnormality. Answers (1) and (4) are not real words.

「検索」的意思是从数据中找出必要的情报。第二选项「検査」虽然也有调查的意思，但是指调查有没有异常。而第一选项和第四选项的单词并不存在。

「検索」는 데이터에서 필요한 정보를 찾아내는 것.「2 検査」도 찾아서 조사하는 것이지만, 이상이 없는지 알아 본다는 뜻이다. 1, 4와 같은 말은 없다.

⑨ 3の辞書形「敗れる」は負けること。4の辞書形「破れる」も「やぶれる」と読むが、「紙が破れる」のように使う。1、2の言葉はない。

The dictionary form 敗れる in answer (3) means to suffer defeat. Answer (4) features the dictionary form 破れる, which is also read as やぶれる, but it is used to describe something such as 紙が破れる (the paper rips). The words listed in (1) and (2) do not exist.

第三选项的原形「敗れる」的意思是输了。而第四选项「破れる」虽然也读作「やぶれる」，但在「紙が破れる」(纸破了) 时使用。第一选项和第二选项的单词并不存在。

3의 기본형「敗れる」는 지는 것이다. 4의 기본형「破れる」도「やぶれる」라고 읽지만,「紙が破れる」(종이가 찢어지다) 와 같이 사용한다. 1, 2와 같은 말은 없다.

⑩ 2の辞書形「努める」は努力すること。1、3の辞書形も「つとめる」と読むが、「1 勤める」は会社などで働くことで「企業に勤める」、「3 務める」は決められた役目をすることで「主役を務める」のように使う。4の言葉はない。

Answer (2) features the dictionary form 努める, which means to make an effort to do something. Answers (1) and (3) are also read as つとめる, but each expresses a different meaning. (1) 勤める indicates working for a company, and is used in phrases such as 企業に勤める (to work for a corporation). 務める in answer (3) refers to performing a specified role, and is found in expressions such as 主役を務める (to play the leading part). The word in answer (4) does not exist.

第二选项的原形「努める」的意思是努力。第一选项和第三选项的原形虽然也读作「つとめる」，但是第一选项的「勤める」的意思是在公司等地工作，「企業に勤める」(在企业中工作)，第三选项「務める」担任项决定了的任务，在表达「主役を務める」(担任主演) 时使用。而第四选项的说法并不存在。

2의 기본형「努める」는 노력하는 것. 1, 3의 기본형도「つとめる」라고 읽지만,「1 勤める」는 회사 같은 데서 일하는 것으로「企業に勤める」(기업에 근무하다),「3 務める」는 정해진 역할을 하는 것으로「主役を務める」(주역을 맡다) 와 같이 사용한다. 4와 같은 말은 없다.

▶ **問題3　語形成** ⋯⋯⋯⋯⋯⋯⋯⋯⋯⋯⋯⋯
Section 3　Word Formation ／問題3　语的形成／
문제 3　단어형성

⑪ 1～4はどれも「動詞ます形」につく。正解3の辞書形「かける」に「～し始める」、1の辞書形「すぎる」は「必要以上に～する」という意味。2、4は「忘れる」と一緒には使えない。

Each answer can be attached to a 動詞ます形 ("masu" verb form). The correct answer in this instance is (3), and its dictionary form かける means ～し始める (to start to---). The dictionary form of answer (1) is すぎる, and it is attached to a "masu" verb form to express 必要以上に～する to do--- more than is necessary. The words in (2) and (4) are never used with 忘れる.

从第一选项到第四选项都连接「動詞ます形」(动词的连用形)。正确答案第三选项的原形「かける」的意思是「～し始める」(开始～)，第一选项的原形「すぎる」的意思是「必要以上に～する」(超过必要的～)。而第二选项和第四选项都不能和「忘れる」一起使用。

1～4는 모두「動詞ます形」(동사 ます형) 에 붙는다. 정답 3의 기본형「かける」는「～し始める」(～하기 시작하다), 1의 기본형「すぎる」는「必要以上に～する」(필요 이상으로 ～하다) 라는 의미이다. 2, 4는「忘れる」와 같이는 쓸 수 없다.

⑫ 正解の「2 聞きあきる」は「何度も聞きすぎて飽きる」という意味。「1 聞きこむ」は「繰り返し何度も聞く」、「4 聞きとる」は「聞いて言葉を理解する」という意味。3は普通使わない。

The correct answer is (2) 聞きあきる, and it means 何度も聞きすぎて飽きる (to grow tired of hearing something repeatedly). The word 聞きこむ in answer (1) means 繰り返し何度も聞く (to listen closely and carefully). Answer (4) 聞きとる means 聞いて言葉を理解する (to catch and understand what is said). The word in answer (3) is hardly ever used with 聞く.

正确答案的第二选项「聞きあきる」的意思是「何度も聞きすぎて飽きる」(听了很多次听烦了)。而第一选项「聞きこむ」的意思是「繰り返し何度も聞く」(深入打听)，第四选项「聞きとる」的意思是「聞いて言葉を理解する」(听过之后理解单词的意思)。而第三选项通常不被使用。

정답「2 聞きあきる」는「何度も聞きすぎて飽きる」(몇번이나 들어서 질리다) 는 의미.「1 聞きこむ」는「繰り返し何度も聞く」(여러 번 반복해서 듣다),「4 聞きとる」는「聞いて言葉を理解する」(듣고 말을 이해하다) 는 의미. 3은 보통 쓰지 않는다.

⑬ 正解の「3 売り切れ」は全て売れて、残っていないこと。「1 売り上げ」は品物を売って得た金

額のこと。「2　売り込み」は買ってもらえるように営業すること、「4　売れ残り」は売れずに品物が残ること。

The correct answer for this question is (3) 売り切れ, and it means that something has completely sold out. The word 売り上げ in (1) indicates the money made from the sales of merchandise and goods. 売り込み in answer (2) refers to conducting sales in an effort to persuade someone to make a purchase. Answer (4) 売れ残り means that products went unsold and still remain.

正确答案第三选项「売り切れ」的意思是全部卖光，没有剩下。第一选项「売り上げ」的意思是卖掉东西后所得的金额。第二选项「売り込み」的意思是为了让对方买下而进行推销。第四选项「売れ残り」的意思是没有被卖掉而剩下了。

정답 3 「売り切れ」는 다 팔리고 남아 있지 않은 것．「1 売り上げ」는 물건을 팔아 얻은 금액을 가리킨다．「2 売り込み」는 사 달라고 영업하는 일，「4 売れ残り」는 팔리지 않고 물건이 남는 것．

14　1～4はどれも名詞の前につく言葉。正解の4「誤」は「間違っている」という意味で、「誤作動」は機械などが予定外の動きをすること。ほかに「誤字」「誤診」など。

Each answer selection can be placed before a noun. The correct answer is (4) 誤, and it means 間違っている (mistaken). In this instance it is used to form the word 誤作動, which means that a machine has performed an unexpected operation. This kanji is also used in words such as 誤字 (typo) and 誤診 (wrong diagnosis).

第一选项到第四选项都是前面加名词的单词。正确答案第四选项「誤」的意思是「間違っている」(错了)，「誤作動」的意思是机器等出现预定之外的动作。另外还有「誤字」(错字)「誤診」(误诊) 等等。

1～4는 모두 명사 앞에 붙는 말이다．정답 4「誤」는「間違っている」(틀렸다) 라는 의미로，「誤作動」는 기계 같은 것이 잘못 작동하는 것이다．그 밖에「誤字」(오자)「誤診」(오진) 등이 있다．

15　1～4はどれも名詞の後について「～のような」という意味を表す。正解の2「並」は「～と同じぐらいの」という意味。

Answers (1) through (4) can all be attached to the end of a noun to convey the idea of ～のような (like ---). In this instance the correct answer is (2) 並, which means ～と同じぐらいの the same grade or level as---.

第一选项到第四选项都是后接名词表示「～のような」(像～的样子) 的意思。正确答案第二选项「並」的意思是「～と同じぐらいの」(与～基本相同)。

1～4는 모두 명사 뒤에 붙어서「～のような」(～와 같은) 이라는 의미를 나타낸다．정답 2「並」는「～と同じぐらいの」(～와 같은 정도의) 라는 의미이다．

▶ **問題4　文脈規定** ……………………
Section 4　Contextually-Defined Expressions ／
問題4 既定文脈／문제4 문맥규정

16　正解の「3　予防」は病気にならないように対策をとること。

The correct answer is (3) 予防. In this sentence the word 予防 refers to taking preventative measures to avoid illness.

正确答案第三选项「予防」的意思是为了不得病而采取对策。

정답 3「予防」는 병이 나지 않도록 대책을 취하는 일이다．

17　正解の「3　提供」は誰かのために差し出すこと。「1　提案」はアイデアを出すこと、「2　提出」は宿題や書類を出すこと、「4　提携」は企業などが協力して仕事をすること。

In this sentence the correct answer is (3) 提供, which refers to providing or supplying something for someone else (in this instance donating one's organs). 提案 in (1) means to put forward an idea.　提出 in (2) indicates the act of submitting homework or documents, and 提携 in (4) refers to cooperating with another company to conduct work.

正确答案第三选项「提供」的意思是为了某人而提出。第一选项「提案」的意思是提出想法。第二选项「提出」的意思是提交作业，文件等。第四选项「提携」的意思是企业等共同协力工作。

정답「3　提供」는 누군가를 위하여 내 주는 일．「1　提案」은 아이디어를 내는 일，「2　提出」는 숙제나 서류를 내는 것，「4　提携」는 기업 등이 협력하여 일하는 것이다．

18　正解の2は録画などではなく、実際の時間と同時にという意味。1は試合の前半と後半の間の休憩時間、3は自由時間、4は昼食時間のこと。

The correct answer is (2). In this sentence リアルタイム means to watch something as it happens, rather than watch a prerecorded version. Answer (1) refers to the break period between the first and second half of a sporting event, (3) means one's own personal time, and (4) refers to the time for a midday meal.

正确答案第二选项的意思不是录像，而是与实际时间同时。第一选项的意思是比赛的上半场和下半场中间的休息时间，第三选项的意思是自由时间，第四选项的意思是午休时间。

정답 2는 녹화 같은 것이 아니라，실제 시간과 동시에라는 의미이다．1은 시합 전반과 후반 사이의 휴게 시간，3은 자유 시간，4는 점심 시간을 가리킨다．

19　正解の1は「めったに～ない」の形で使い、頻度が非常に低いこと。2は変化を表す言葉につくので、「次第にお酒を飲まなくなった」なら正しい文。3は「本当に、心から～と思う」という意味で、改まってお礼やお詫びなどを言うときに使う。4は全部という意味で、「～ない」にはつかない。

The correct answer is (1), and it indicates that something

rarely occurs or is done. This phrase is used in the following manner: めったに〜ない. 次第に in answer (2) is attached to a word that expresses change, thus the correct usage in context would be 次第にお酒を飲まなくなった (she gradually quit drinking alcohol). The word まこと in answer (3) means 本当に、心から〜と思う (deep down inside I feel---), and it is used when formally thanking someone or making an apology. Answer (4) means "everything", so 〜ない cannot be attached to this word.

正确答案第一选项以「めったに〜ない」的形式使用，使用频率很低。第二选项应连接表示变化的词语，所以如果是「次第にお酒を飲まなくなった」(渐渐地不喝酒了) 的话，为正确的句子。第三选项的意思是「本当に、心から〜と思う」(真正地从心里觉得)，在表示再次感谢及歉意时使用。第四选项的意思是全部，不能跟有「〜ない」。

정답 1은「めったに〜ない」라는 형을 사용하여, 빈도가 매우 낮은 것을 뜻한다 2는 변화를 나타내는 말에 붙으므로「次第にお酒を飲まなくなった」(점차 술을 안 마시게 되었다) 라면 바른 문이다. 3은「本当に、心から〜と思う」(정말 마음으로부터 〜라고 생각하다) 는 의미로, 격식을 차려 인사나 사죄를 할 때에 쓴다. 4는 전부라는 뜻으로,「〜ない」에는 붙지 않는다.

20 「〜をつく」の形で使うのは「1 ためいき」だけ。2〜4は「〜する」の形で使う。

The only word that takes the 〜をつく form is answer (1) ためいき (sigh). Answers (2) through (4) are used with 〜する.

以「〜をつく」的形式使用的只有第一选项的「ためいき」(叹气)，从第二选项到第四选项都以「〜する」的形式使用。

「〜をつく」의 형으로 쓰는 것은「1 ためいき」(한숨) 뿐이다. 2〜4는「〜する」의 형을 쓴다.

21 「〜理由」という形で使えるのは「4 くだらない」だけで、「つまらない」という意味。3は「忙しいという理由」なら正しい文になる。

The only word that can be used with 〜理由 is answer (4) くだらない, which in this case means つまらない. The correct usage of answer (3) would be 忙しいという理由 (because he was busy).

可以「〜理由」的形式使用的只有第四选项「くだらない」，表示「つまらない」的意思。第三选项的正确表达为「忙しいという理由」(以忙为理由)。

「〜理由」라는 형으로 쓸 수 있는 것은「4 くだらない」뿐으로,「つまらない」라는 의미이다. 3은「忙しいという理由」(바쁘다는 이유) 라면 바른 문이 된다.

22 「結果を〜」の形で使えるのは「2 招く」だけで、「(結果を) 引き起こす」という意味。

Answer (2) 招く is the only choice that can be used with 結果を〜. In this case, it means (結果を) 引き起こす (to generate an outcome).

可以「結果を〜」的形式使用的只有第二选项「招く」，表示「(結果を) 引き起こす」(招来 [结果]) 的意思。

「結果を〜」의 형으로 쓸 수 있는 것은「2 招く」뿐으로,「(結果を) 引き起こす」([결과를] 야기하다) 라는 의미.

▶問題5　言い換え類義
Section 5 Paraphrases／问题5 近义词／문제5 유의 표현

23 「さっぱり〜ない」は「全く〜ない」という意味なので、「4 全然」が正しい。

The word さっぱり〜ない means 全く〜ない (absolutely no---), thus the correct answer is (4) 全然.

因为「さっぱり〜ない」的意思是「全く〜ない」(完全没有)，所以第四选项「全然」是正确答案。

「さっぱり〜ない」는「全く〜ない」(전혀 〜지 않다) 는 의미이므로,「4 全然」이 맞다.

24 「緊張」はうまくできるかどうか心配で落ち着かないことなので、1が正しい。2は楽しみなことがあって心が弾むこと、3は嬉しそうに笑う様子、4は気がかりなことがあって集中できない様子のこと。

緊張 means to be nervous and anxiously wonder about whether one's attempt to do something will go well, thus the correct answer is (1). Answer (2) refers to the feeling of excitement one experiences while looking forward to something. (3) describes the happy smile on one's face, while (4) means there is some worry or anxiety that prevents one from concentrating.

因为「緊張」的意思是担心能不能完成好而放心不下来，所以第一选项是正确答案。第二选项的意思是有期待的事，心里很高兴。第三选项的意思是很开心的笑的样子。第四选项的意思是有担心的事情，心里放不下不能集中精力。

「緊張」는 잘 할 수 있을지 어떨지 걱정되어 침착하지 못한 것이므로 1이 맞다. 2는 즐거운 일을 기대하여 마음이 들뜨는 것, 3은 기쁜 듯 웃는 모양, 4는 마음에 걸리는 일이 있어서 집중할 수 없는 상태이다.

25 「要求を飲む」は要求を聞き入れることなので、4が正しい。1は要求を伝える、2は要求に対してだめだと伝える、3は何を要求しているかわかるという意味になる。

The expression 要求を飲む means to accept someone's request, thus the correct answer is (4). Answer (1) means to convey a request, while (2) means to reject a request. Answer (3) indicates that one understands the nature of the request being made.

因为「要求を飲む」的意思是听取要求，所以第四选项是正确答案。第一选项是传达要求，第二选项是传达不同意要求，而第三选项的意思是明白要求的是什么。

「要求を飲む」는 요구를 받아들이는 것이므로 4가 맞다. 1은 요구를 전하다, 2는 요구에 대하여 안된다고 하다, 3은 무엇을 요구하는지 안다는 의미가 된다.

26 「もっともだ」は「なるほど、確かにそうだ」と納得できることなので、3が正しい。1はきちんとしていないこと、2は実際より大きく言ったり見せたりすること、4は自分の意見を曲げ

ないこと。

もっともだ is an expression that means なるほど、確かにそうだ (come to think of it, that's right). It is used to indicate that one accepts or agrees with what is being said, thus the answer that best conveys this meaning is (3). Answer (1) means that something is not done properly, while (2) refers to exaggerating or overdoing things. (4) means to refuse to change one's mind.

因为「もっともだ」的意思是「なるほど、確かにそうだ」(原来如此，确实是) 来表示同意认可，所以第三选项是正确答案。第一选项的意思是不清楚，第二选项的意思是比实际上说的大，展示的大。第四选项的意思是坚持自己的意见，不屈服。

「もっともだ」는「なるほど、確かにそうだ」(과연, 확실히 그렇다) 고 납득할 수 있는 것이므로 3이 맞다. 1은 잘 정리되지 않은 것, 2는 실제보다 과장하여 말하거나 보이거나 하는 일, 4는 자신의 의견을 굽히지 않는 것.

27 「プリントアウト」はコンピューターやカメラなどの内容を印刷することなので、4が正しい。「1 複写」はコピーすること、「2 転送」は届いた物を別の所に送ること、「3 作成」は作ること。

The word プリントアウト indicates the printed version of data from a computer or camera, thus the correct answer is (4). 複写 in (1) means to copy something, while (2) 転送 means to forward something to a different location. The word 作成 in (3) refers to making something (such as a document).

因为「プリントアウト」的意思是印刷电脑及相机的内容，所以第四选项是正确答案。第一选项「複写」的意思是复印，第二选项「転送」的意思是将已经到达的物品转发到其他地方，第三选项「作成」的意思是做。

「プリントアウト」는 컴퓨터나 카메라 등의 내용을 인쇄하는 일이므로 4가 맞다.「1複写」는 복사,「2転送」는 온 것을 다른 곳으로 보내는 것,「3作成」는 만드는 것이다.

▶問題6 用法
Section 6 Usage ／問題 6 用法／문제 6 용법

28 「重大」は事が非常に重要だったり、深刻だったりすること。物が「重い」「大きい」という意味では使えない。正解の2は「責任が重い」という意味。1は「重い」、3は「重体」、4は「大きな」に言い換えられる。

重大 means that something is extremely important or serious. It is not used to describe a physical object as 重い (heavy) or 大きい (large). The sentence in answer (2) states 責任が重い (he has a great responsibility), thus (2) is correct. Answer (1) can be replaced with the word 重い, while (3) and (4) can be reworded as 重体 (critical condition) and 大きな, respectively.

「重大」的意思是事情非常重要，很严重。表示东西「重い」(重)「大きい」(大) 的意思时不能使用。而正确答案第二选项的意思为「責任が重い」(责任重大)，第三选项为「重体」(病危)，而第四选项可以和「大きな」相替换。

「重大」는 일이 매우 중요하거나 심각한 것. 물건이「重い」(무겁다)「大きい」(크다) 는 의미로는 쓸 수 없다. 정답 2는「責任が重い」(책임이 무겁다) 는 의미. 1은「重い」, 3은「重体」(중태), 4는「大きな」로 바꾸어 말할 수 있다.

29 「はっきり」は副詞なので、4が正しい。1は「(失敗するのは) はっきりしている」、2は「はっきりした (情報)」、3は「(原因が) はっきりした」なら正しい文になる。

はっきり acts as an adverb, thus the correct answer is (4). The correct usage of はっきり in answer (1) would be 失敗するのははっきりしている (it's clear that you won't succeed). For (2), the correct usage would be はっきりした [情報] (clear information), and in (3) the grammatically correct form would be 原因がはっきりした (the cause has been made clear).

因为「はっきり」是副詞，所以第四选项是正确答案。第一选项为「(失敗するのは) はっきりしている」(很明显〔会失败〕)，第二选项为「はっきりした (情報)」(明确的〔情报〕)，而第三选项为「(原因が) はっきりした」(〔原因〕很明朗了) 的话，为正确的句子。

「はっきり」는 부사이므로 4가 맞다. 1은「(失敗するのは) はっきりしている」(〔실패하는 것은〕 확실하다), 2는「はっきりした (情報)」(확실한〔정보〕), 3은「(原因が) はっきりした」(〔원인이〕 확실하다) 라면 바른 문이 된다.

30 「悔しい」は負けた時や失敗した時などに、あきらめきれずに腹立たしい気持ちを表すので、3が正しい。1は「さびしい」、2は「残念な」、4は「苦しい」に言い換えられる。

The word 悔しい expresses the aggravating feeling of frustration when one loses or makes a mistake, thus (3) is the best answer. The word that best fits the context for answer (1) is さびしい, (2) can be replaced with 残念な, while the most appropriate word for (4) is 苦しい.

因为「悔しい」的意思是输或者失败的时候，不能放弃，感觉气愤，所以第三选项是正确答案。而第一选项与「さびしい」，第二选项与「残念な」，第四选项可以与「苦しい」相替换。

「悔しい」는 지거나 실패했을 때 포기하지 못하고 화나는 기분을 나타내므로 3이 맞다. 1은「さびしい」, 2는「残念な」, 4는「苦しい」로 바꾸어 말할 수 있다.

31 「ストレスがたまる」で決まった表現なので、1が正解。2は「残って」、3は「増えて」、4は「集まった」に言い換えられる。

ストレスがたまる (to build up a lot of stress) is a fixed expression, so the correct answer is (1). (2) can be replaced with 残って, (3) with 増えて, while the best choice for (4) would be 集まった.

因为「ストレスがたまる」(积累压力) 是固定短语，所以第一选项是正确答案。而第二选项可以和「残って」，第三选项可以和「増えて」，第四选项可以和「集まった」相替换。

「ストレスがたまる」(스트레스가 쌓이다) 라는 정형 표현이므로 1이 정답이다. 2는「残って」, 3은「増えて」, 4는「集まった」로 바꾸어 말할 수 있다.

32 「発生」は事件や問題が起こることなので、4が正解。1は「誕生している」、2は「浮かんだ」、3は「転がった」に言い換えられる。

The word 発生 is used to indicate that a problem or an incident has occurred, so the correct answer in this case is (4). The answer that best fits the context for (1) is 誕生している (this college produces a number of scholars). In answer (2), the correct word would be 浮かんだ (suddenly had a good idea), while the most appropriate word for (3) would be 転がった (moved in an unexpected direction).

因为「発生」的意思是引起了事件或问题，所以第四选项为正确答案。而第一选项可以和「誕生している」(诞生)，第二选项可以和「浮かんだ」(悬浮)，第三选项可以和「転がった」(摔倒) 相替换。

「発生」는 사건이나 문제가 일어나는 것이므로 4가 정답. 1은「誕生している」(탄생했다，나왔다)，2는「浮かんだ」(떠올랐다)，3은「転がった」(굴러갔다)로 바꾸어 말할 수 있다.

文法 Grammar ／语法／문법

▶問題7 文の文法1（文法形式の判断）
Section 7 Sentential Grammar 1 (Selecting grammar form) ／
问题7 句子的语法（语法的判断）／
문제7 문장의 문법1［문법형식 판단］

33 空欄の前は眼鏡ザルと呼ばれる理由である。選択肢の中で、理由を表すのは4のみ。

The reason the tarsier is called "glasses monkey" (in Japanese) is explained in the phrase preceding the blank. The only expression that can be used to indicate the reason is (4).

在空白处的前面为被称为眼镜猴的理由。在选项当中，表明理由的只有第四选项。

빈 칸 앞은 안경원숭이라고 불리는 이유이다. 선택지 가운데 이유를 나타내는 것은 4뿐이다.

34 空欄の前と後では長い時間の経過がある。選択肢の中で、長い時間の経過を表すのは1のみ。「1 すえに」は「いろいろあって最後に」という意味。

The phrases before and after the blank reveal that a great length of time has passed. The only expression that can be used to indicate an extended progression of time is (1) すえに, which means いろいろあって最後に (after a long series of events).

空白处的前后表示经过了很长时间。选项当中，表明经过很长时间的只有第一选项。而第一选项「1 すえに」的意思是「いろいろあって最后に」(经历了很多最后)

빈 칸 앞뒤에는 긴 시간의 경과가 있다. 선택지 가운데 긴 시간의 경과를 나타내는 것은 1뿐이다.「1 すえに」는「이로이로 있고 마지막에」（여러 일이 있고 마지막에）라는 의미이다.

35 問題文に「予想される」とあるので、空欄には推測を表す言葉が入る。選択肢の中で、推測の意味があるのは2のみ。「～ものと予想される／思われる／考えられる」などの形で推測を表す。

The sentence states 予想される, indicating that the word used to express a prediction fits in the blank. The only word that can be used to convey this meaning is (2). ～ものと予想

される／思われる／考えられる are all forms used to express an estimation.

因为问题中有「予想される」所以应填入表示推测的单词。选项中，表示推测的意思的只有第二选项。「～ものと予想される／思われる／考えられる」等形式表示推测。

문제에「予想される」라고 되어 있으므로, 빈 칸에는 추측을 나타내는 말이 들어간다. 선택지 가운데에서 추측의 의미가 있는 것은 2뿐이다.「～ものと予想される／思われる／考えられる」와 같은 형으로 추측을 나타낸다.

36 空欄の前が原因、後が結果になっている。選択肢の中で、原因を表すのは2。

The reason is stated in the phrase that precedes the blank, while the following phrase describes the outcome. (2) is the only answer that can be used to indicate the reason.

空白处的前面表示原因，后面表示结果。选项当中，表示原因的为第二选项。

빈 칸 앞이 원인, 그 다음이 결과로 되어 있다. 선택지 가운데 원인을 나타내는 것은 2.

37 問題文は「心配しすぎることが原因で、寝られなくなった」という意味。選択肢の中で、原因を表すのは2のみ。

The sentence states 心配しすぎることが原因で、寝られなくなった (she worried so much she was unable to sleep). Among the choices given, (2) is the only answer that alludes to the reason.

问题的意思是「心配しすぎることが原因で、寝られなくなった」(因为太担心了，而睡不着)。选项中表示原因的只有第二选项。

문제는「心配しすぎることが原因で、寝られなくなった」(너무 걱정하는 것이 원인이 되어 잠 못 자게 되었다) 는 의미이다. 선택지 가운데 원인을 나타내는 것은 2뿐이다.

38 問題文は「大丈夫と言ったけれども、不安だった」という意味なので、空欄には逆接を表す言葉が入る。3も逆接を表すが、「動詞ます形」につながるので正しくない。したがって、正解は2。

The meaning of this sentence is 大丈夫と言ったけれども、不安だった (though he said he was alright, he was actually pretty worried), so the answer that fits in the blank must be a word that acts as a contradictory conjunction. Though answer (3) is also a contradictory conjunction, it attaches to a 動詞ます形, so it is incorrect. Thus, the best answer is (2).

因为问题的意思是「大丈夫と言ったけれども、不安だった」(虽然说了没关系，但还是不安)，所以空白处应填入表示逆接的词语。第三选项虽然也表示逆接，但是应该接有「動詞ます形」所以并不正确。因此，正确答案是第二选项。

문제는「大丈夫と言ったけれども、不安だった」(괜찮다고 했지만 불안했다) 는 의미이므로, 빈 칸에는 역접을 나타내는 말이 들어간다. 3도 역접을 나타내지만「동사 ます형」에 이어지므로 맞지 않다. 따라서 정답은 2.

39 選択肢の中で期間を表すのは1、4だが、助詞「に」の後に続くのは4のみ。1は「一週間かけて」が正しい使い方。

Though answers (1) and (4) convey that something is done over a period of time, only (4) can be used after the particle に. The correct usage of (1) would be 一週間かけて (take a week).

选项当中表示期间的为第一选项和第四选项，而可以接在助词「に」后面的只有第四选项。第一选项的正确使用方法为「一週間かけて」(花费了一周的时间)。

선택지 가운데 기간을 나타내는 것은 1과 4인데, 조사「に」다음에 이어지는 것은 4뿐이다. 1은「一週間かけて」(일주일 걸려서) 가 바른 사용법이다.

40 「はじまらない」は「無意味、無駄」という意味。「〜たって／てもはじまらない」という形で使うことが多い。

はじまらない means 無意味、無駄 (pointless, useless). A commonly used form that features this word is 〜たって／てもはじまらない.

「はじまらない」的意思是「無意味、無駄」(没意义，没用)。以「〜たって／てもはじまらない」的形式使用的场合居多。

「はじまらない」는「無意味、無駄」(무의미, 헛일) 이라는 의미.「〜たって / てもはじまらない」라는 형으로 쓰는 일이 많다.

41 「(動詞ます形) かねない」は「良くない結果になる可能性がある」という意味。4は「あの時、彼に話すとうわさが広まりかねなかった」のように過去のことを表す文なら正しい。

The expression [動詞ます形] かねない means 良くない結果になる可能性がある (most likely the outcome will be less than favorable). The correct usage of (4) is to describe something in the past, such as あの時、彼に話すとうわさが広まりかねなかった (perhaps the rumors began to spread after I talked to him).

「(動詞ます形) かねない」的意思是「良くない結果になる可能性がある」(可能有不好的结果)。第四选项在像表达「あの時、彼に話すとうわさが広まりかねなかった」(那时和他说的话，很可能会将传言扩大。) 时使用。

「(動詞ます形) かねない」는「良くない結果になる可能性がある」(좋지 않은 결과가 될 가능성이 있다) 는 의미이다. 4 는「あの時、彼に話すとうわさが広まりかねなかった」(그 때 그에게 말했으면 소문이 퍼졌을 지도 모른다) 와 같이 과거의 일을 나타내는 문이라면 맞다.

42 「3 あやまらないかぎり」は「あやまらない間は」という意味で、問題文は「彼があやまれば私は彼と会うつもりだ」ということを表す。

The expression あやまらないかぎり in (3) means あやまらない間は (as long as he refuses to apologize). It is used in this sentence to convey the idea that 彼があやまれば私は彼と会うつもりだ (I only intend to see him after he apologizes).

第三选项「あやまらないかぎり」的意思是「あやまらない間は」(没道歉的期间)，问题表达的意思是「彼があやまれば私は彼と会うつもりだ」(他如果道歉的话，我是打算见他的)。

「3. あやまらないかぎり」는「あやまらない間は」(사과하지 않는 동안은) 이라는 의미로, 문제는「彼があやまれば私は彼と会うつもりだ」(그가 사과하면 나는 그와 만날 작정이다) 라는 것을 나타낸다.

43 「にはおよばない」は「それほどの必要はない」という意味。丁寧に断る場合によく使う。

The expression にはおよばない means それほどの必要はない (that's not really necessary). It is often used when making a polite refusal.

「にはおよばない」的意思是「それほどの必要はない」(没有那么需要)，在婉转拒绝时经常使用。

「にはおよばない」는「それほどの必要はない」(그렇게까지 할 필요는 없다) 는 의미이다. 정중하게 거절할 경우에 잘 쓴다.

44 「わけにはいかない」は「(常識的に考えて) 〜できない」という意味で、「〜わけにはまいりませんでしょうか」は丁重に依頼したいときに使う。

わけにはいかない is an expression that means [常識的に考えて] 〜できない ([in light of common sense] --- can't be done). It is commonly used when you want to politely make a request, such as in phrases like 〜わけにはまいりませんでしょうか.

「わけにはいかない」的意思是「(常識的に考えて) 〜できない」(〔从常理上考虑〕〜不行)，「〜わけにはまいりませんでしょうか」在表达委婉的请求时使用。

「わけにはいかない」는「(常識的に考えて) 〜できない」([상식적으로 생각해서] 〜 할 수 없다) 는 의미로,「〜わけにはまいりませんでしょうか」는 정중하게 부탁하고 싶을 때에 쓴다.

▶問題 8 文の文法 2（文の組み立て）…

Section 8 Sentential Grammar 2 (Sentence composition)／
问题 8 句子的语法 2（句子的结构）／
문제 8 문장의 문법 2 (문장 만들기)

45 「彼は、この学校が始まって以来最高の成績で卒業した」。「て以来」が決まった言い方、「4 最高の」の後には名詞が続くので、「始まって以来」「最高の成績」がそれぞれつながる。

彼は、この学校が始まって以来最高の成績で卒業した (He graduated with the highest marks of anyone since this school was founded). て以来 is a fixed expression, and 最高の in answer (4) is normally followed by a noun. These expressions are combined with the two remaining choices to form the phrases 始まって以来 and 最高の成績.

「彼は、この学校が始まって以来最高の成績で卒業した」(他以这个学校创建以来最好的成绩毕业了)。「て以来」是固定短语，第四选项「最高の」的后边接名词，「始まって以来」与「最高の成績」分別连接。

「彼は、この学校が始まって以来最高の成績で卒業した」(그는 이 학교가 시작된 이래 최고 성적으로 졸업했다).「て以来」가 정형 표현,「4 最高の」다음에는 명사가 오므로「始まって以来」「最高の成績」가 이어진다.

46 「何よりも花が好きな彼女は、花の世話さえしていれば、ほかには何も要らないという」。「〜さえ〜ば」が決まった言い方なので、「世話さ

えしていれば」がつながる。「ほかには何も」もよく一緒に使う。

何よりも花が好きな彼女は、花の世話さえしていれば、ほかには何も要らないという (She loves flowers most of all. As long she is taking care of flowers, she doesn't really need anything else). ～さえ～ば is a fixed expression, and in this instance it is combined with (3) to form the phrase 世話さえしていれば. It is often used together with the expression ほかには何も.

「何よりも花が好きな彼女は、花の世話さえしていれば、ほかには何も要らないという」(比起任何东西都喜欢花的她，只要能够照看花的话，那么什么都不需要了)。因为「～さえ～ば」是固定短语，所以应连接「世話さえしていれば」。而「ほかには何も」也经常一起使用。

「何よりも花が好きな彼女は、花の世話さえしていれば、ほかには何も要らないという」(무엇보다도 꽃을 좋아하는 그녀는, 꽃을 보살피는 일만 하고 있으면, 그 밖에는 아무것도 필요없다고 한다).「～さえ～ば」가 정형 표현이므로「世話さえしていれば」와 같이 이어진다.「ほかには何も」도 같이 잘 사용한다.

47 「週末も出勤しているところを見ると、忙しくて旅行どころではなさそうだから、誘うのはやめましょう」。「～ところを見ると」「～どころではない」が決まった言い方。

週末も出勤しているところを見ると、忙しくて旅行どころではなさそうだから、誘うのはやめましょう (Considering that he even is working over the weekends, he is way too busy to even think about going on a trip, so we shouldn't bother asking him to come.) ～ところを見ると and ～どころではない are both fixed expressions.

「週末も出勤しているところを見ると、忙しくて旅行どころではなさそうだから、誘うのはやめましょう」(从周末都要出勤来看，忙的不是说旅行的时候了，还是别叫他了)。「～ところを見ると」和「～どころではない」是固定短语。

「週末も出勤しているところを見ると、忙しくて旅行どころではなさそうだから、誘うのはやめましょう」(주말에도 출근하는 것을 보면, 바빠서 여행할 처지가 아닌 것 같으니, 같이 가자고 하는 건 그만둡시다).「～ところを見ると」「～どころではない」가 정형 표현.

48 「17世紀に書かれたこの小説は、当時の貴族社会ばかりでなく、庶民の生活を知る上でもたいへん貴重なものとなっている」。「AばかりでなくBも」が決まった言い方で、A，Bの部分には「貴族」と「庶民」のような同質の言葉が入る。また、「上でも」の前には「動詞辞書形」か「名詞＋の」がくる。

17世紀に書かれたこの小説は、当時の貴族社会ばかりでなく、庶民の生活を知る上でもたいへん貴重なものとなっている (This novel, written in the 17th century, is an invaluable historical resource. Not only does it portray the aristocratic society of that period, but it also provides great insight into the life of the common people). AばかりでなくBも is a fixed expression, and A and B represent words that are used in the same context, which in this instance are the nouns 貴族 and 庶民. In addition, a 動詞辞書形 (dictionary verb form) or 名詞＋の usually precedes the expression 上でも.

「17世紀に書かれたこの小説は、当時の貴族社会ばかりでなく、庶民の生活を知る上でもたいへん貴重なものとなっている」(这本写于17世纪的小说，不单单是当时贵族社会，在了解平民生活方面，也成为十分珍贵的记录)。「AばかりでなくBも」是固定短语，A，B中应填入相同性质的单词「貴族」和「庶民」。另外，「上でも」的前面应有「動詞辞書形」(动词原形) 或「名詞＋の」。

「17世紀に書かれたこの小説は、当時の貴族社会ばかりでなく、庶民の生活を知る上でもたいへん貴重なものとなっている」(17 세기에 쓰여진 이 소설은, 당시 귀족 사회뿐만 아니라, 서민 생활을 아는 데에도 매우 귀중한 것으로 되어 있다).「AばかりでなくBも」가 정형 표현으로, A, B의 부분에는「貴族」와「庶民」과 같은 동질의 단어가 들어간다. 또한「上でも」앞에는「動詞辞書形」(동사 기본형) 이나「名詞＋の」가 온다.

49 「お金があるからといって幸せだとは限らないし、お金がないから不幸だとも言えない」。「（普通形）からといって、（普通形）とは限らない」の形でよく使う。

お金があるからといって幸せだとは限らないし、お金がないから不幸だとも言えない (Just because you have money doesn't mean you're happy. Likewise, not having a lot of money doesn't necessarily mean you're unhappy). The form [普通形] からといって、[普通形] とは限らない is frequently used.

「お金があるからといって幸せだとは限らないし、お金がないから不幸だとも言えない」(有钱不一定就幸福，而没钱也不能说是不幸)。「（普通形）からといって，（普通形）とは限らない」的形式经常被使用。

「お金があるからといって幸せだとは限らないし、お金がないから不幸だとも言えない」(돈이 있다고 꼭 행복하다고는 할 수 없고, 돈이 없으니까 불행하다고도 할 수 없다).「(普通形) からといって、(普通形) とは限らない」와 같은 형태로 잘 쓴다.

▶ 問題9　文章の文法
Section 9 Text Grammar／問題9 文章的语法／문제9 글의 문법

50 「3　調査」、「4　捜査」はどちらも「調べる」ことだが、研究のために調べるのは3。4は警察が事件を調べるときなどに使う。

Though both answers (3) 調査 and (4) 捜査 mean 調べる, the only word used to describe investigating for the sake of research is (3). (4) indicates the investigation or search police conduct when looking into an incident or crime.

第三选项「調査」，第四选项「捜査」都是「調べる」的意思，表示为了研究的调查是第三选项。第四选项是在警察调查案件的时候使用。

「3　調査」，「4　捜査」는 둘 다「調べる」(알아보다) 라는 의미이지만, 연구를 위하여 조사하는 것은 3 이다. 4 는 경찰이 사건을 수사할 때에 쓴다.

51 51の文は、「ニュースを見た人は、心臓病の原因をカフェインだと想像しただろう」という意

味である。選択肢の中で、「～だろう」のように推測を表すのは4である。2と間違えやすいが、「おそれがある」は好ましくないことに使うので正しくない。

The sentence in (51) means ニュースを見た人は、心臓病の原因をカフェインだと想像しただろう (people that saw the news probably assumed the cause of heart disease was caffeine). (4) is the only answer choice that is similar to ～だろう, and it is used to convey an assumption or guess. While (2) おそれがある can be confusing, it is used to indicate the potential outcome is undesirable, thus it is incorrect.

51 此句的意思是「ニュースを見た人は、心臓病の原因をカフェインだと想像しただろう」（看了新闻的人，可能把心脏病的原因想象成咖啡因了吧。）选项中，像「～だろう」这样表示推测是第四选项。虽然很容易与第二选项混淆，单「おそれがある」在表示不喜欢是使用并不正确。

51의 문은「ニュースを見た人は、心臓病の原因をカフェインだと想像しただろう」(뉴스를 본 사람은 심장병의 원인이 카페인이라고 상상했을 것이다) 라는 의미이다 . 선택지 가운데「～だろう」와 같이 추측을 나타내는 것은 4 이다 . 2 와 혼동하기 쉬우나「おそれがある」는 바람직하지 않은 일에 사용하므로 맞지 않다 .

52 文の前半に「もしかしたら」とある。選択肢の中で、「もしかしたら」と一緒に使えるのは1のみ。

The first part of the sentence features the expression もしかしたら. Among the choices given, the only answer that can be used together with もしかしたら is (1).

句子的前半有「もしかしたら」。选项中可以与「もしかしたら」一起使用的只有选项。

문의 앞 부분에「もしかしたら」라고 나온다 . 선택지 중에「もしかしたら」와 같이 쓸 수 있는 것은 1 뿐이다 .

53 53の文は、「心臓病の原因がカフェインか砂糖か特定できない」という意味だから、3が正しい。

The meaning of the phrase that fits (53) is 心臓病の原因がカフェインか砂糖か特定できない (it cannot be determined whether caffeine or sugar is the cause of heart disease). Thus, the correct answer is (3).

因为53的意思是「心臓病の原因がカフェインか砂糖か特定できない」（心脏病的原因是咖啡因还是砂糖不能够确定）所以第三选项是正确答案。

53의 문은「心臓病の原因がカフェインか砂糖か特定できない」(심장병의 원인이 카페인인지 설탕인지 특정할 수 없다) 는 의미이므로 , 3 이 맞다 .

54 空欄の前に「…ためには、どうすればいいか」とあり、後に解決策がある。「それには」は「そうするためには」という意味で、解決策を示す時に使うので、正解は1である。

The sentence preceding the blank states …ためには、どうすればいいか (what should be done to ---), and the following phrase provides the solution. それには means そうするためには (in order to do that ---). This phrase is used to indicate

the solution, so in this case (1) is correct.

空白处的前面有「…ためには、どうすればいいか」（为了…，要怎么办才好），后面跟有解决方案。「それには」的意思是「そうするためには」（那么做的目的是），因为是在表示解决方法的时候使用，所以正确答案是第一选项。

빈 칸 앞에「…ためには、どうすればいいか」(…위해서는 어떻게 하면 좋을까) 라고 나와 있으므로 , 뒤에 해결책이 있다 .「それには」는「そうするためには」(그러기 위해서는) 이라는 의미로 해결책을 제시할 때 사용하므로 정답은 1 이다 .

第1回 読解
Reading Comprehension／阅读理解／독해

▶問題10 内容理解（短文）
Section 10 Comprehension (short passages)／
问题10 内容理解（短篇文章）／문제10 내용 이해 (단문)

55 3行目に「10年、20年、その技術をみがいていくうちに、世界で唯一、他のだれにもまねできない「ものづくり」ができる」とあり、これができる会社が「世界で唯一の会社」である。したがって、2が正しい。

The third line states 10年、20年、その技術をみがいていくうちに、世界で唯一、他のだれにもまねできない「ものづくり」ができる. According to the author, companies that are able to do this are recognized as 世界で唯一の会社. Thus, the correct answer is (2).

在第三行中有「10年、20年、その技術をみがいていくうちに、世界で唯一、他のだれにもまねできない「ものづくり」ができる」一句，能够做到这样的公司是「世界で唯一の会社」。所以第二选项是正确答案。

세째 줄에「10年、20年、その技術をみがいていくうちに、世界で唯一、他のだれにもまねできない「ものづくり」ができる」라고 있고 , 이것이 가능한 회사가「世界で唯一の会社」이다 . 따라서 2 가 맞다 .

56 最後の文に「マニュアルなしでは行動できない…人を「マニュアル依存症」とでも言う」とある。「他人の情報と他人の判断」を本や雑誌などにまとめたものがマニュアルなので、正解は4。

The final sentence in this passage states マニュアルなしでは行動できない…人を「マニュアル依存症」とでも言う. In this instance, the word manual refers to books or magazines that contain 他人の情報と他人の判断 (information and evaluations taken from others), so (4) is the best answer.

因为最后一句是「マニュアルなしでは行動できない…人を「マニュアル依存症」とでも言う」。因为将「他人の情報と他人の判断」(他人的情报和他人的判断) 归纳总结的书或杂志是手册，所以正确答案是第四选项。

마지막 문에「マニュアルなしでは行動できない…人を「マニュアル依存症」とでも言う」라고 나와 있다 .「他人の情報と他人の判断」(타인의 정보와 타인의 판단) 을 책이나 잡지 등으로 정리한 것이 매뉴얼이므로 정답은 4.

57 最後の文の中ほどに「逆に」とあり、前半の「一人一人が集まって社会は成立している」を、後半は逆の視点で言い換えている。したがって、後半は「社会…があってこそ、一人一人も存在できる」という意味になる。選択肢の中で「一人一人」を表すのは 4。

In the middle of the last sentence we find the word 逆 に. Because it is preceded by the phrase 一人一人が集まって社会は成立している, we can assume that the phrase following 逆 に paraphrases the same idea from the opposite point of view. Thus, the meaning of the second part of the sentence is 社会…があってこそ、一人一人も存在できる (the very existence of society itself is what enables each and every one of us to exist). The only answer selection that conveys the idea of 一人一人 is (4).

因为最后一句的中间部分有「逆に」，而前半部分有「一人一人が集まって社会は成立している」，所以后半部分应该替换成相反的角度，所以，后半部分的意思是「社会…があってこそ、一人一人も存在できる」(正因为有社会，每个个人才能单独存在。) 选项中表明「一人一人」的是第四选项。

마지막 문 중간 쯤에「逆に」라고 나와 있고, 그 앞의「一人一人が集まって社会は成立している」를 후반에는 반대 시점에서 바꿔 말하고 있다. 따라서 후반은「社会…があってこそ、一人一人も存在できる」(사회…가 있기 때문에 한 사람 한 사람이 존재할 수 있다) 는 의미가 된다. 선택지 가운데「一人一人」를 나타내는 것은 4.

58 問題は筆者が述べていることではなく、「筆者が最も言いたいこと」である。筆者の主張は一般的に最後の段落で述べられる。この場合は「企業の経営は…最悪の事態を防ぐには、あらゆる可能性を考慮して、注意を払う必要がある」が筆者の主張。これと同様の意味を表すのは 2。

This question is not asking you to identify what the author has written, but rather 筆者が最も言いたいこと (what the author really wants to say). Normally the point the writer wishes to make is found in the final paragraph. In this instance the author believes that 企業の経営は…最悪の事態を防ぐには、あらゆる可能性を考慮して、注意を払う必要がある. The answer that expresses the same meaning is (2).

问题是筆者が述べていることではなく、「筆者が最も言いたいこと」(问题并不是作者说的，而是「作者最想说的」)。而作者的主张通常在最后一段中得以叙述。这里「企業の経営は…最悪の事態を防ぐには、あらゆる可能性を考慮して、注意を払う必要がある」是作者的主张。表明同样意思的是第二选项。

문제는 필자가 서술하고 있는 것이 아니라,「筆者が最も言いたいこと」(필자가 가장 말하고 싶은 것) 이다. 필자의 주장은 일반적으로 마지막 단락에서 언급된다. 이 경우는「企業の経営は…最悪の事態を防ぐには、あらゆる可能性を考慮して、注意を払う必要がある」가 필자의 주장. 이와 같은 의미를 나타내는 것은 2.

59 本文のはじめに「先日注文したマグカップ・ブルー 500 個ですが、…うち 200 個が…マグカップ・イエローでした」とあるので、ブルーを 500 個注文したのに、ブルー (300 個)、イエロー (200 個) の 2 色を送ったことがわかる。したがって、正解は 3。

The beginning of the letter states 先日注文したマグカップ・ブルー 500 個ですが、…うち 200 個が…マグカップ・イエローでした, so we know that even though 500 blue mugs were ordered, a combination of blue (300) and yellow (200) mugs was sent. Given this information, the correct answer is (3).

这篇文章的开始部分有「先日注文したマグカップ・ブルー 500 個ですが、…うち 200 個が…マグカップ・イエローでした」一句，可以得知虽然是预定了蓝色的 500 个，但是却送出了蓝色 (300 个) 和黄色 (200 个) 两种颜色。因此正确答案是第三选项。

본문 처음에「先日注文したマグカップ・ブルー 500 個ですが、…うち 200 個が…マグカップ・イエローでした」라고 있으므로, 블루를 500 개 주문했는데 블루 (300 개), 엘로 (200 개) 의 두 색을 보냈음을 알 수 있다. 따라서 정답은 3.

▶ **問題 11 内容理解 (中文)**
Section 11 Comprehension (mid-size passages) /
问题 11 内容理解 (中篇文章) / 문제 11 내용이해 (중문)

60 文頭の指示語が指す内容は前の文にあることが多い。ここでも下線部「それ」が指しているのは、8 行目から始まる文である。これと同様の意味を表すのは 3。

Reference terms at the beginning of a sentence often refer to information in the previous sentence. Here the underlined word それ indicates the thought expressed in the sentence that begins on line 8. The answer that conveys the same idea is (3).

文章的最前面由指示词来指代前面一句的情况居多。这里下划线部分「それ」所指的是，从第 8 行开始的一句。而表示同样意思的是第三选项。

문두의 지시어가 가리키는 내용은 그 앞 문에 있는 경우가 많다. 여기서도 밑줄 부분「それ」가 가리키는 것은 여덟째 줄부터 시작하는 문이다. 이와 같은 의미를 나타내는 것은 3.

61 本文はイギリスの授業を例に挙げ、最後の文でメディアについて学ぶ必要を述べているので、ここではイギリスで学んでいる内容を選べばよい。第三段落のはじめに「『メディアの中の現実』と『自分たちが住む現実』とを比べることで、メディアが映し出す世界を、新たに認識し直す作業をしている」とあるので、正解は 4。

The beginning of this passage introduces an example of the media class conducted in England, and in the conclusion the writer indicates that we need to learn about the media. Taking this into account, you need to select the answer that describes what children in England learn. The first sentence in the third paragraph states「メディアの中の現実」と「自分たちが住む現実」とを比べることで、メディアが映し出す世界を、新たに認識し直す作業をしている, thus the answer that best matches this is (4).

因为这篇文章中不但举了英国的课程的例子，还在文章最后就学习媒体的重要性进行了叙述，所以这里只要选择在英国学习的内容就可以了。第三段中的开始部分有「『メディアの中の現実』と『自分たちが住む現実』とを比べることで、メディアが映し出す世界を、新たに認識し直す作業をしている」一句，所以正确答案是第四选项。

본문은 영국의 수업을 예로 들어, 마지막 문에서 미디어에 대하여 배울 필요가 있음을 말하고 있으므로, 여기서는 영국에서 배우는 내용을 고르면 된다. 세번째 단락 처음에「『メディアの中の現実』と『自分たちが住む現実』とを比べることで、メディアが映し出す世界を、新たに認識し直す作業をしている」라고 나와 있으므로 정답은 4．

62 下線部の後に「具体的な目標を書かせ…自分の問題点をはっきりさせ、解決策を考えさせる」と「自立型人間」の指導法が述べられている。これができるのが「自立型人間」なので、正解は2。

The sentence following the underlined expression is 具体的な目標を書かせ…自分の問題点をはっきりさせ、解決策を考えさせる, which describes the method for training oneself to become a 自立型人間. People that are capable of doing this are 自立型人間, so the correct answer is (2).

下划线的部分叙述了「具体的な目標を書かせ…自分の問題点をはっきりさせ、解決策を考えさせる」和「自立型人間」的指导方法。而因为「自立型人間」可以完成这些，所以正确答案是第二选项。

밑줄 부분 뒤에「具体的な目標を書かせ…自分の問題点をはっきりさせ、解決策を考えさせる」와「自立型人間」의 지도법이 언급되어 있다. 이렇게 할 수 있는 것이「自立型人間」이므로 정답은 2．

63 第二段落の後半に「対立関係を恐れてはいけない。…部下を正しく評価すると同時に、欠点もはっきり言うべき」と、厳しい態度で接する必要を述べているので、正解は4。

In the latter part of the second paragraph the writer states 対立関係を恐れてはいけない。…部下を正しく評価すると同時に、欠点もはっきり言うべき, indicating that leaders must adopt a stern attitude when dealing with their subordinates. The answer that best describes this is (4).

因为第二段的后半部分叙述了「対立関係を恐れてはいけない。…部下を正しく評価すると同時に、欠点もはっきり言うべき」认为有必要以严厉的态度来对待，所以正确答案是第四选项。

두번째 단락 후반에「対立関係を恐れてはいけない。…部下を正しく評価すると同時に、欠点もはっきり言うべき」라고 엄격한 태도로 접할 필요가 있음을 말하고 있으므로 정답은 4이다．

64 最後の段落の前半に「リーダーは、とにかく社員たちに関わってやることが重要だ」とある。ここで言う「リーダー」は「上司」のこと。また、「関わる」とは「接する」ことなので、正解は1。

In the first part of the last paragraph the writer states リーダーは、とにかく社員たちに関わってやることが重要だ. In this instance, リーダー means 上司 (boss, supervisor). In addition, the word 関わる means 接する (to deal with, to interact with). Given this information, the best answer is (1).

最后一段的前半部分有「リーダーは、とにかく社員たちに関わってやることが重要だ」一句，这里所说的「リーダー」的意思是「上司」(上司)。另外，因为「関わる」的意思是「接する」(接触)，所以正确答案是第一选项。

마지막 단락 전반에「リーダーは、とにかく社員たちに関わってやることが重要だ」라고 나와 있다. 여기서의「リーダー」는「上司」(상사)를 말한다. 또한「関わる」란「接する」(접하다) 라는 뜻이므로 정답은 1이다．

65 第二段落の中ほどに人と会った時に起こることが書かれている。「自分だけ苦労しているのではない」とあるので、正解は3。1は「みんな、ダメだ…と半ば口ぐせのように言っている」とあるが、これは苦労しているということで、実際にダメなものを書いているとは限らない。2は「間接的にほめられているようなものだ」とあり、直接ほめ言葉を言ってもらうわけではない。4は一般的な意見だが、本文中には書かれていない。

Towards the middle of the second paragraph we find a description of what happens when people meet. The writer states 自分だけ苦労しているのではない, so the correct answer is (3). Though answer (1) alludes to the sentence みんな、ダメだ…と半ば口ぐせのように言っている, what is actually meant here is that other people are having a hard time as well. It doesn't necessarily mean that what they wrote is bad. Likewise, answer (2) is incorrect because the passage states 間接的にほめられているようなものだ; it doesn't refer to having others directly compliment you. Answer (4) presents a rather commonplace opinion that is not mentioned in this passage.

第二段的中间部分写了与人见面时发生的事情。因为有「自分だけ苦労しているのではない」，所以正确答案是第三选项。第一选项虽然有「みんな、ダメだ…と半ば口ぐせのように言っている」，这里有很辛苦的意思，但并不完全是说写的东西不行。而第二选项为「間接的にほめられているようなものだ」，并不是直接让对方来赞扬自己。第四选项是陈述一般意见，本文中并没有被写到。

두번째 단락 중간 쯤에 사람과 만났을 때에 일어나는 일이 적혀 있다.「自分だけ苦労しているのではない」라고 나와 있으므로 정답은 3이다. 1은「みんな、ダメだ…と半ば口ぐせのように言っている」라고 되어 있지만, 이는 글을 쓰는 데에 고생한다는 것이지, 실제로 쓰고 있는 것이 열등한 것이라고 할 수는 없다. 2는「間接的にほめられているようなものだ」라고 되어 있는데, 직접 칭찬을 듣는 것은 아니다. 4는 일반적인 의견이지만 본문 중에는 나와있지 않다．

66 下線部の「それ」は最後の段落の始め「お世辞のような言葉を聞いてどうする。真実に直面せよ。そう勇ましいことを言う人」の部分を指す。これが超人的な勇者なので、正解は4。筆者は、ほめられなくてもがんばれる強い人を「超人的

な勇者」と呼んでいる。

The underlined それ at the beginning of the last paragraph indicates お世辞のような言葉を聞いてどうする。真実に直面せよ。そう勇ましいことを言う人. This describes what an extraordinarily courageous person is, so the correct answer is (4). In this passage, the writer uses the term 超人的な勇者 to refer to mentally tough people that keep trying, even when they are not complimented.

下划线部分的「それ」指的是最后一段的开始「お世辞のような言葉を聞いてどうする。真実に直面せよ。そう勇ましいことを言う人」这一部分。因为是超人的勇士，所以正确答案是第四选项。作者将即便不被赞美也能努力的强人称作「超人的な勇者」。

밑줄 부분의 「それ」는 마지막 단락 처음 「お世辞のような言葉を聞いてどうする。真実に直面せよ。そう勇ましいことを言う人」의 부분을 가리킨다. 이것이 초인적인 용자이므로 정답은 4이다. 필자는 칭찬받지 않아도 분발할 수 있는 강한 사람을 「超人的な勇者」라고 부르고 있다.

▶ **問題 12　統合理解**
Section 12 Integrated Comprehension／问题 12 综合理解／문제 12 통합이해

67 相談内容は第一段落に書かれている。2行目に「学校へ行く以外はほとんど自分の部屋ですごしています」、3行目に「学校がないときは3度の食事のときに部屋を出るだけです」と、くり返し息子が部屋にこもっていることを訴えているので、正解は2。

The problem for which the person is seeking advice is introduced in the first paragraph. The mother repeatedly emphasizes the fact that her son rarely leaves his room, stating in line 2 that 学校へ行く以外はほとんど自分の部屋ですごしています, and in line 3 that 学校がないときは3度の食事のときに部屋を出るだけです. Given this information, it is clear that the correct answer is (2).

商量的内容写在了第一段落。因为第二行的「学校へ行く以外はほとんど自分の部屋ですごしています」和第三行的「学校がないときは3度の食事のときに部屋を出るだけです」以及反复申诉儿子在房间里闭门不出，所以正确答案是第二选项。

상담 내용은 첫 단락에 적혀 있다. 두번째 줄에 「学校へ行く以外はほとんど自分の部屋ですごしています」, 세째 줄에 「学校がないときは3度の食事のときに部屋を出るだけです」와 같이 반복해서 아들이 방에 틀어박혀 있다고 호소하고 있으므로 정답은 2다.

68 Aは冒頭で「親子の関係は難しいですね」と、相談者の気持ちに理解を示し、Bは2行目「親から独立したいと考えているのだと思われます」と子供の気持ちに理解を示しているので、4が正しい。1はBのみ自由にさせたほうがよいと言っている。2はAがコミュニケーションが大事だと言っているが、どちらも積極的に話しかけるべきだとは言っていない。3は本文とは逆のことが書かれている。

A states 親子の関係は難しいですね at the beginning of the response, showing that he/she empathizes with the mother. Likewise, (B) indicates that he/she understands the son's position, stating in line 2 that 親から独立したいと考えているのだと思われます. Considering these two points, the correct answer is (4). Although answer (1) mentions both A and B, only B truly believes that the mother should let the son be. Looking at answer (2), while (A) indicates that communication is important, neither A nor B states that the mother needs to actively try to speak with her son. Answer (3) is incorrect because it expresses the complete opposite of what is stated in the passage.

因为A在最前头说了「親子の関係は難しいですね」, 表明对征求意见的人心情的理解, 而B在第二行中说了「親から独立したいと考えているのだと思われます」, 表明对孩子的心情的理解, 所以第四选项是正确答案。第一选项中只有B说了给孩子自由的好。而第二选项A虽然说了交流很关键, 但没有说要哪一方应该积极说话。第三选项的意思与本文的内容相反。

A는 첫머리에서 「親子の関係は難しいですね」라고 상담자의 기분에 이해를 표하고, B는 둘째 줄에 「親から独立したいと考えているのだと思われます」와 같이 아이의 기분에 이해를 표하고 있으므로, 4가 맞다. 1은 B만 자유롭게 두는 편이 좋다고 하고 있다. 2는 A가 커뮤니케이션이 중요하다고 하고 있으나, 양쪽 다 적극적으로 말을 걸어야 한다고는 하지 않는다. 3은 본문과 반대이다.

▶ **問題 13　主張理解（長文）**
Section 13 Thematic Comprehension (long passages)／问题 13 主张理解（长篇文章）／문제 13 주장이해 (장문)

69 指示語の指す内容は前にあることが多い。ここでは第二段落2行目「小学校の算数から始まって、大学の学部程度までの数学」を指す。したがって、正解は1。

Reference terms often refer to information that has been previously mentioned. In this instance, それ indicates 小学校の算数から始まって、大学の学部程度までの数学, thus the correct answer is (1).

指示词所指的内容在前面出现的情况很多。这里指的是第二段第二行的「小学校の算数から始まって、大学の学部程度までの数学」。因此正确答案是第一选项。

지시어가 가리키는 내용은 그 앞에 있는 일이 많다. 여기서는 두번째 단락 둘째 줄 「小学校の算数から始まって、大学の学部程度までの数学」를 가리킨다. 따라서 정답은 1이다.

70 下線部②の文に「『数学の才能』と呼ぶのにふさわしい能力の持ち主とは、歴史に名前を残しているような大数学者のことを言う」とあるので、正解は3。「ふさわしい」というのは適切だということ。

The underlined phrase (2) 数学の才能 is followed by と呼ぶのにふさわしい能力の持ち主とは、歴史に名前を残しているような大数学者のことを言う, so the best answer is (3). The word ふさわしい means appropriate or suitable.

因为下线②的一句中有「『数学の才能』と呼ぶのにふさわしい能力の持ち主とは、歴史に名前を残しているような大数学

者のことを言う」、所以正确答案是第三选项。「ふさわしい」指的是适合。

밑줄 부분 ②의 문에「『数学の才能』と呼ぶのにふさわしい能力の持ち主とは、歴史に名前を残しているような大数学者のことを言う」라고 나와 있으므로 정답은 3이다.「ふさわしい」란 적절하다는 것.

[71] 筆者の主張は最後の段落に注目する。最後の段落と同様の内容は2なので、2が正解。「四つの能力」を「日常生活を送れる能力」と言い換えると、わかりやすい。

The key here is to pay attention to the point the author makes in the last paragraph. Answer (2) best describes what is stated in the last paragraph, so it is correct. To make this paragraph easier to understand, try replacing the expression 四つの能力 with 日常生活を送れる能力 (basic abilities needed for everyday life).

应留意表明作者主张的最后一段。因为与最后的一段内容相同，所以第二选项是正确答案。而将「四つの能力」和「日常生活を送れる能力」(日常生活能力）替换的话，更容易理解。

필자의 주장은 마지막 단락에 주목한다. 마지막 단락과 같은 내용은 2이므로, 2가 정답.「四つの能力」를「日常生活を送れる能力」(일상 생활을 할 수 있는 능력) 으로 바꿔 말하면 이해하기 쉽다.

▶問題 13　情報検索

Section 13　Information Retrieval ／问题 13 情报检索／
문제 13 정보검색

[72] 会議室の利用に必要なものは「4．利用申し込み方法」を見ればよい。「利用申込書に…記入し、会議に関する資料と共に、ご提出ください」とあるので、3が正しい。

To determine the items needed to use the meeting room, look at 4．利用申し込み方法 . This section states 利用申込書に…記入し、会議に関する資料と共に、ご提出ください , so the most appropriate answer is (3).

只要看使用会议室必须的「4．利用申し込み方法」就可以了。而因为有「利用申込書に…記入し、会議に関する資料と共に、ご提出ください」，所以第三选项是正确答案。

회의실 이용에 필요한 것은「4．利用申し込み方法」를 보면 된다.「利用申込書に…記入し、会議に関する資料と共に、ご提出ください」라고 나와 있으므로 3이 맞다.

[73]「5．利用申込書の提出」の〔申込方法〕に「FAXまたは E-mail にて受け付けます」とあるため、郵送は受け付けられない。したがって、正解は4。

The 申込方法 (application procedure) described in 5．利用申込書の提出 states that those who wish to use the meeting room can FAX または E-mail にて受け付けます (submit the application via FAX or email). Thus, the correct answer is (4).

因为在「5．利用申込書の提出」的〔申込方法〕(申请方法) 中写到，以「FAX または E-mail にて受け付けます」(传真或电子邮件受理)，所以并不受理邮寄。因此正确答案是第四选项。

「5．利用申込書の提出」의〔申込方法〕(신청 방법) 에「FAX または E-mail にて受け付けます」(팩스 또는 전자 메일로 접수하고 있습니다) 라고 나와 있으므로, 우송은 접수되지 않는다. 따라서 정답은 4.

第1回 聴解
Listening ／听解／청해

▶ 問題1 課題理解 …………
Section 1 Task-based Comprehension／
問題1 問題理解／問題 1 과제이해

1 「とりあえず先に～お願いします」と「あと、そのワイヤレスマイクも～」が運んでほしいものを依頼している部分。プロジェクターは「こわれてるから使わないことになった」ので運ばない。「あと、～」や「それから～」は、前に言ったことにさらに付け加える表現なので注意して聞こう。

セミナー (seminar), とりあえず (in the meantime, for the time being, for now), プロジェクター (projector), ワイヤレスマイク (wireless microphone)
The woman says とりあえず先に～お願いします and あと、そのワイヤレスマイクも～ to indicate what she wants the man to take to the seminar room. The projector is こわれてるから使わないことになった, so there is no need for it to be moved. Pay special attention to expressions such as あと、～ (also ---) and それから～ (as well as ---, and also ---), for they are used to introduce additional information for something that has already been stated.

「セミナー」(讲座),「とりあえず」(先),「プロジェクター」(投影仪),「ワイヤレスマイク」(无线话筒)
想让对方搬的东西是「とりあえず先に～お願いします」和「あと、そのワイヤレスマイクも～」这两句话里。因为关于投影仪说了「こわれてるから使わないことになった」，所以不需要搬。而「あと、～」(还有~) 和「それから～」(另外~) 是用于对前面说过的话作补充的表现形式，要注意听。

「セミナー」(세미나),「とりあえず」(일단),「プロジェクター」(프로젝트기),「ワイヤレスマイク」(무선 마이크)
「とりあえず先に～お願いします」와「あと、そのワイヤレスマイクも～」가 운반을 부탁하는 부분. 프로젝트기는「こわれてるから使わないことになった」이므로 운반하지 않는다.「あと、～」(그리고) 과「それから～」(그리고) 는 앞의 말에 부가하는 표현이므로 주의해서 듣자.

2 女の人の「それ（＝丸い輪になったの）もいいんだけど、この横に並んだほうが安くても豪華な感じがする」という意見に男の人も賛成しているので正解は4。

宝石 (jewel, precious stone), 真珠 (pearl), 粒 (bead)
The man concurs with the woman's opinion that それ〔＝丸い輪になったの〕もいいんだけど、この横に並んだほうが安くても豪華な感じがする, so the correct answer is (4).

「宝石」(宝石),「真珠」(珍珠),「粒」(粒)
由于男人也赞成女人说的「それ（＝丸い輪になったの）もいいんだけど、この横に並んだほうが安くても豪華な感じがする」这个意见, 所以答案是4。

「宝石」(보석),「真珠」(진주),「粒」(알, 입자)
여자의「それ（＝丸い輪になったの）もいいんだけど、この横に並んだほうが安くても豪華な感じがする」의 의견에 남자도 찬성하고 있으므로 정답은 4.

3 ガムテープは、「それはだいじょうぶ」（＝必要ない）と言っているので買わなくてもよい。

カッター (cutter), ガムテープ (packaging tape), マジックペン (felt pen)
When her friend asks if she needs packaging tape, she tells her それはだいじょうぶ（＝必要ない, not necessary), so it's clear that she doesn't need to buy it.

「カッター」(裁纸刀),「ガムテープ」(胶布),「マジックペン」(油性笔)
关于胶带说了「それはだいじょうぶ」（＝必要ない, 不需要), 所以不买也可以。

「カッター」(문구용 칼),「ガムテープ」(고무 테잎),「マジックペン」(매직펜)
고무 테잎은「それはだいじょうぶ」（＝必要ない, 필요없다) 고 하고 있으므로 사지 않아도 된다.

4 「あそこ（＝センターのとなりの喫茶店）に持ってきてくれないかな」と言っているので、正解は1。書類を「2部用意」（コピー）することは、「もう用意してあります」と言っているので、今からする必要はない。

The man says あそこ（＝センターのとなりの喫茶店）に持ってきてくれないかな, so the correct answer is (1). When he asks the woman to 2部用意〔コピー／make two copies〕of the documents, the woman tells him that もう用意してあります, so there is no need for them to be made now.

因为说了「あそこ（＝センターのとなりの喫茶店）に持ってきてくれないかな」, 所以答案是1。关于文件虽然要「2部用意」(コピー／复印), 但是说了「もう用意してあります」, 所以不需要现在复印。

「あそこ（＝センターのとなりの喫茶店）に持ってきてくれないかな」라고 말하고 있으므로 정답은 1. 서류를「2部 준비」（コピー／복사) 하는 것은「もう用意してあります」라고 하고 있으므로 지금부터 해야 할 일은 아니다.

5 質問で「男の人は、まずどこへ行かなければなりませんか」と言っているので、順番に気をつけて聞こう。「先に銀行に寄ってお金5万円おろしてから、スーパーに行って」と言っていることから、「銀行」➡「スーパー」ということが分かる。

The question asks 男の人は、まずどこへ行かなければなりませんか, so make sure you pay attention to the order. The woman says 先に銀行に寄ってお金5万円おろしてから、スーパーに行って, so we know that he will go to the 銀行 (bank) first, and then the スーパー (supermarket).

因为问题问的是「男の人は、まずどこへ行かなければなりませんか」, 所以要注意听是什么顺序。因为会话中说了「先に銀行によってお金5万円下ろしてから、スーパーに行って」, 所以知道是「銀行」(银行) → 「スーパー」(超市) 这个顺序。

19

質問から「男の人は、まずどこへ行かなければなりませんか」と言っているので順序に注意して聞こう。「先に銀行に寄ってお金5万円おろしてから、スーパーに行って」と言っているので「銀行」(은행)→「スーパー」(수퍼)임을 알 수 있다.

▶問題2 ポイント理解 ……

Section 2 Point Comprehension／
問題2 要点理解／문제2 포인트이해

① 女の人は「1冊の値段で、3冊も注文できた」(＝本を安く買えた)から、「得した気分」になって喜んでいる。

得する (get a bargain ; to save)
The woman was able to 1冊の値段で、3冊も注文できた (＝本を安く買えた／ buy the books at a cheap price), so she is happy because she feels that 得した気分.

「得する」(占便宜)
因为女人以「1冊の値段で、3冊も注文できた」(＝很便宜的买到了书),所以有一种「得した気分」,很高兴。

「得する」(득보다)
여자는 「1冊の値段で、3冊も注文できた」(＝本を安く買えた)[책을 저렴하게 구입할 수 있었다]로 보아「得した気分」에 기뻐하고 있다.

② 「ただ、〜」は前に言ったことを補足したり、例外を言う場合などに用いられる表現。「ただ」の後には重要な情報が述べられる場合もあるので注意して聞こう。

現場 (site of the incident, on site)
ただ、〜 is an expression used when adding another point to something that has already been said, or when introducing an exception. There are times when important information is mentioned after ただ、〜, so be sure to listen closely to what is said.

「現場」(现场)
「ただ、〜」用于对前面说过的话进行补充,或是在表示例外等情况下使用。「ただ」的后面也有接重要内容的情况,要注意听。

「現場」(현장)
「ただ、〜」는 앞에서 말한 것을 보충하거나 예외를 말할 때 사용되는 표현. 「ただ」뒤에는 중요한 정보를 말하는 경우도 있으므로 주의해서 듣자.

③ 「魚と野菜がそれぞれ30パーセント台で、…野菜が2位」、「肉が好きな人は28パーセントにとどまった」ということから、1位は「魚」だと分かる。「〜に達する」や「〜にとどまる」は、調査結果などを説明する際によく出てくる表現なので、覚えておこう。

〜に達する (to reach ---) , 〜にとどまる (to remain at ---, to level off at---)
The lady states that 魚と野菜がそれぞれ30パーセント台で、…野菜が2位 and 肉が好きな人は28パーセントにとどまった , so it is clear that 魚 (fish) is the food Japanese people like the most. The expressions 〜に達する and 〜にとどまる are often used when discussing the results of a survey, so make sure to commit these to memory.

「〜に達する」(达到 ~),「〜にとどまる」(到 ~ 为止)
从「魚と野菜がそれぞれ30パーセント台で、…野菜が2位」和「肉が好きな人は28パーセントにとどまった」这两句话中,可以知道第1位是「魚」(鱼)。「〜に達する」和「〜にとどまる」是在对调查结果进行说明的时候经常使用的表达方式,要牢记。

「〜に達する」(~에 달하다),「〜にとどまる」(~에 그치다)
「魚と野菜がそれぞれ30パーセント台で、…野菜が2位」,「肉が好きな人は28パーセントにとどまった」로 보아 1위는「魚」(생선)임을 알 수 있다.「〜に達する」나「〜にとどまる」는 조사 결과 등을 설명할 때 자주 나오는 표현이므로 익혀두자.

④ 「〜様（呼び出している相手）、いらっしゃいましたら、〜まで（場所）お越しくださいませ。お連れ様の〜様（呼んでいる人）がお待ちです」は、空港やデパートなどの呼び出しアナウンスのパターンの一つなので、覚えておこう。

お連れ様 (companion, party member)
〜様（呼び出している相手）、いらっしゃいましたら、〜まで（場所）お越しくださいませ。お連れ様の〜様（呼んでいる人）がお待ちです is a common announcement pattern used when paging someone at an airport or department store, so be to sure remember this.

「お連れ様」(和您一起来的人)。
「〜様（呼び出している相手）、いらっしゃいましたら、〜まで（場所）お越しくださいませ。お連れ様の〜様（呼んでいる人）がお待ちです」是用于机场还有百货店等地方的找人广播类型之一,最好要记住。

「お連れ様」(일행분).
「〜様（呼び出している相手）、いらっしゃいましたら、〜まで（場所）お越しくださいませ。お連れ様の〜様（呼んでいる人）がお待ちです」는 공항이나 백화점 등의 호출 안내방송 패턴 중 하나이므로 익혀두자.

⑤ 「どうしてすぐに会社に連絡しなかったんだ」(部長が言ったこと)から、部長が怒った理由が分かる。ここで「どうして〜んだ（＝のだ）」は、相手に理由の説明を求める表現。

後回し put off until later, do later
The man tells the woman どうしてすぐに会社に連絡しなかったんだ (部長が言ったこと／ what the department manager said), indicating why the department manager was angry with him. どうして〜んだ（＝のだ）is an expression often used when asking someone for an explanation of the reason.

「後回し」(延后)
从「どうしてすぐに会社に連絡しなかったんだ」(部長が言ったこと／这句部长说的话中),可以知道部长生气的理由。这里的「どうして〜んだ（＝のだ）」是要对方说明理由的表达方式。

「後回し」(뒤로 미룸)
「どうしてすぐに会社に連絡しなかったんだ」(部長が言ったこと)[부장이 말한 것]으로 부장이 화난 이유를 알 수 있다. 여기에서「どうして〜んだ（＝のだ）」는 상대방에게 이유 설명을 요구하는 표현.

⑥「先生が、特に大事だと言っている」ことを聞こう。「特に気をつけてほしいのは、手です」から、正解は手に関することだと分かる。手袋をしていても、うちに帰って「手袋に触ってしまえば（手袋をしていないのと）同じ」と言っているので、手袋をすることが特に大事なわけではない。

インフルエンザ (influenza), 予防 (prevention), 消毒 (sterilize, disinfect)
This question asks 先生が，特に大事だと言っている. The teacher says 特に気をつけてほしいのは、手です, so it is clear that correct answer is about the hands. Wearing gloves does not really protect you from the virus either, for the teacher says that when you return home 手袋に触ってしまえば（手袋をしていないのと）同じ (touching your gloves after you take them off is the same [as not wearing gloves]).

「インフルエンザ」（流感），「予防」（预防），「消毒」（消毒）
要注意听「先生が、特に大事だと言っている」的事。从「特に気をつけてほしいのは、手です」这句话中，可以知道答案跟手有关。因为这里说了，即使戴了手套，回到家「手袋に触ってしまえば（手袋をしていないのと）同じ」「只要碰到手套（就跟没戴手套一样）」，所以戴不戴手套并不是很重要。

「インフルエンザ」（독감），「予防」（예방），「消毒」（소독）
「先生が，特に大事だと言っている」를 잘 듣자. 「特に気をつけてほしいのは、手です」로 보아 정답은 손에 관한 것임을 알 수 있다. 장갑을 끼더라도 집에 돌아가서 「手袋に触ってしまえば（手袋をしていないのと）同じ」（장갑을 만져 버리면 [장갑을 끼지 않고 있는 것과] 같다）고 하고 있으므로 장갑을 끼는 것 자체가 특별히 중요하다는 것을 의미하지는 않는다.

▶問題 3 概要理解

Section 3 Summary Comprehension／
问题 3 大意理解／문제 3 개요이해

① 電気自動車は「充電に時間がかかるのが欠点」だった。そこで、「電池そのものを交換する仕組みの開発」を行い、「電池がなくなってきたら、〜新しい電池と交換するというシステム」を作り出した。「仕組みの開発」、「システム」という言葉からも 2 と分かる。

電池 (battery) 充電 (charge) 仕組み (mechanism) システム (system)
The man states that in the past the problem with electric cars was（充電に時間がかかるのが欠点）. To fix this, they（電池そのものを交換する仕組みの開発）and made a（電池がなくなってきたら、〜新しい電池と交換するというシステム）. The two main hints the man provides are 仕組みの開発 (development of a new mechanism) and システム, thus it is clear that the correct answer is (2).

「電池」（电池），「充電」（充电），「仕組み」（结构），「システム」（系统）
因为电动汽车是「充電に時間がかかるのが欠点」，所以进行了「電池そのものを交換する仕組みの開発」，做出了「電池がなくなってきたら、〜新しい電池と交換するというシステム」。从「仕組みの開発」和「システム」这两个单词中也可以知道答案是 2。

「電池」（전지），「充電」（충전），「仕組み」（구조），「システム」（시스템）
전기자동차는「充電に時間がかかるのが欠点」이었다. 그래서「電池そのものを交換する仕組みの開発」을 해서「電池がなくなってきたら、〜新しい電池と交換するというシステム」을 만들어냈다.「仕組みの開発」（구조 개발），「システム」（시스템）의 두 단어로 2 번임을 알 수 있다.

② 「ゴミが残ってしまいます」「けっして静かでもありません」などから短所を述べていることが分かる。「改良の余地がある」とは、「改良すべき点が残っている」という意味。

ロボット (robot)
The shortcomings of cleaning robots the woman mentions include ゴミが残ってしまいます and けっして静かでもありません. The phrase 改良の余地がある means 改良すべき点が残っている (there are still areas that need to be improved).

「ロボット」（机器人）
从「ゴミが残ってしまいます」「けっして静かでもありません」等话语中可以知道是在说其缺点。「改良の余地がある」的意思是说「改良すべき点が残っている」（还留着应该改善的地方）。

「ロボット」（로봇）
「ゴミが残ってしまいます」「けっして静かでもありません」등으로 보아 단점을 말하고 있는 것을 알 수 있다.「改良の余地がある」란「改良すべき点が残っている」（개량해야 할 점이 남아 있다）는 의미.

③ 「朝食をきちんと毎朝食べる子は、…学力テストの平均点が 5 点高い」、「(睡眠時間が) 長い子のほうが (学力テストの) 平均点が 10 点高い」ことから正解は 1。

The woman states that 朝食をきちんと毎朝食べる子は、…学力テストの平均点が 5 点高い and（睡眠時間が）長い子のほうが（学力テストの）平均点が 10 点高い (children [that get a lot of sleep] scored an average of 10 points higher [on scholastic tests]), so the correct answer is (1).

因为说了「朝食をきちんと毎朝食べる子は、…学力テストの平均点が 5 点高い」，所以从「(睡眠時間が) 長い子のほうが (学力テストの) 平均点が 10 点高い」「(睡眠时间长的) 小孩 (学历测试) 的平均分要高 10 分」中可以知道答案是 1。

「朝食をきちんと毎朝食べる子は，…学力テストの平均点が 5 点高い」，「(睡眠時間が) 長い子のほうが (学力テストの) 平均点が 10 点高い」（(수면시간이) 긴 아이 쪽이 [학력테스트의] 평균점이 10 점 높다）로 보아 정답은 1.

④ 「それ（＝選手は，最初から最後まで、ドラマの主役になれること）が最大の魅力」という話から、男の人がマラソンの魅力（＝おもしろさ）について話していることが分かる。「たまらない」とは、「なんともいえないほどいい」という意味。

The athlete says それ（＝選手は，最初から最後まで、ドラマの主役になれること）が最大の魅力 (that's the best part [the athletes are the main players throughout the entire drama]), indicating that he is describing the fascination (allure) of the marathon. In this instance the word たまらない means (a practically indescribable feeling).

従「それ（＝選手は，最初から最後まで，ドラマの主役になれること）が最大の魅力」「那个（＝选手们从开始到最后都能成为电视剧的主角）是最大魅力」这句话中，可以知道男人是在谈马拉松的乐趣所在。「たまらない」的意思是「なんともいえないほどいい」（不知如何形容有多好）．

「それ（＝選手は，最初から最後まで，ドラマの主役になれること）が最大の魅力」（그것（＝선수는 처음부터 끝까지 드라마의 주인공이 될 수 있는 것）이 최대의 매력）이라는 말로 보아 남자가 마라톤의 매력（＝재미）에 대해 이야기하고 있는 것을 알 수 있다．「たまらない」란「なんともいえないほどいい」（말로 형용할 수 없을 만큼 좋다）의 의미．

5 最初の「みなさんの中には，子どもがペットを飼うことにはあまり賛成できないという方が…」と言う発話から，ペットの賛成・反対意見の話題を予測して聞こう。「私は…ぜひ子供たちに生き物を飼って，育ててほしいと思う」，「ペットを通して…学ぶことはとても大切なことだと私は思う」から，男の人は「積極的に賛成」だと分かる。反対意見も述べられていない。

The man begins by saying みなさんの中には，子どもがペットを飼うことにはあまり賛成できないという方が…, so you can anticipate that he will highlight opinions for and against children raising pets. He then states that 私は…ぜひ子供たちに生き物を飼って，育ててほしいと思う，「ペットを通して…学ぶことはとても大切なことだと私は思う, so it is clear that he 積極的に賛成 (is actively in favor of children having pets). Incidentally, he does not mention any reasons why children should not have their own pet.

从最初的「みなさんの中には，子供がペットを飼うことにはあまり賛成できないという方が…」这句发言中，可以推测是关于养宠物的赞成，反对意见的话题，要注意听。从「私は…ぜひ子供たちに生き物を飼って，育ててほしいと思う」，「ペットを通して…学ぶことはとても大切なことだと私は思う」这两句话中，可以知道男人的态度是在「積極的に賛成」（积极的赞成）。这里并没有提到反对意见．

첫 부분의「みなさんの中には，子どもがペットを飼うことにはあまり賛成できないという方が…」라는 발화에서 애완동물에 대한 찬성・반대의견의 화제를 예측해 가며 듣자．「私は…ぜひ子供たちに生き物を飼って，育ててほしいと思う」，「ペットを通して…学ぶことはとても大切なことだと私は思う」로 보아 남자는「積極的に賛成」（적극적으로 찬성）임을 알 수 있다．반대 의견에 대한 언급도 없다．

▶問題4 即時応答

Section 4 Quick Response／
問題4 即時応答／문제4 즉시응답

1 「冷めないうちに」とは，「（飲み物などが）温かい間に」という意味。

The phrase 冷めないうちに means〔飲み物などが〕温かい間に (while the [drink] is still hot)

「冷めないうちに」的意思是「（飲み物などが）温かい間に」（趁着喝的东西等）还在热的时候）

「冷めないうちに」란「（飲み物などが）温かい間に」（[음료

수 등이]따뜻할 때）의 의미．

2 「あしたは」という発話から，他の日はアルバイトに来ていることが分かる。

The man begins by saying あしたは, so it is clear that the woman shows up for work at her part time job on other days.

从「あしたは」这句话中，可以知道别的日子都来这里打工．

「あしたは」라는 발화에서 다른 날은 아르바이트를 하러 오는 것을 알 수 있다．

3 「かしこまりました」＝「（目上の人などからの依頼を）引き受ける」。「プレゼント用に包んでもらえますか」は，お店で店員にプレゼント用の包装をお願いする時の表現。

かしこまりました means〔目上の人などからの依頼を〕引き受ける (to accept [a request from a superior or someone above you in rank]). The man asks the woman プレゼント用に包んでもらえますか, which is an expression that is com-monly used when asking a shop clerk to gift wrap an item.

「かしこまりました」＝「（目上の人などからの依頼を）引き受ける」「接受（上級等的）委托」。「プレゼント用に包んでもらえますか」是用于在店里请营业员给包装一下礼物时的表达方式．

「かしこまりました」＝「（目上の人などからの依頼を）引き受ける」（[손윗사람으로부터의 의뢰를] 받아들이다）．「プレゼント用に包んでもらえますか」는 가게에서 점원에게 선물용 포장을 부탁할 때의 표현．

4 「そうでもなかった」＝（試験は）みんなが言うほど難しくはなかった。

The man responds to the woman's question by saying そうでもなかった, indicating that it (the test) wasn't as hard as people were saying.

「そうでもなかった」＝（考试）并不像大家所说的那么难．

「そうでもなかった」＝（시험은）모두가 말하는 만큼 어렵지는 않았다．

5 女の人は，台風が来るのに男の人が飛行機で行くことを心配しているので，それに対して答えている2が正解。

The woman is worried about the man's upcoming flight because there is a typhoon approaching. The man seeks to put her at ease, so the most natural response is (2).

女人担心的是台风要来，男人却要乘飞机走的事．所以对其做出回应的2是正确答案．

여자는 태풍이 오는데 남자가 비행기로 가는 것을 걱정하고 있으므로 거기에 대해 대답하고 있는 2가 정답．

6 男の人は，ボランティアの参加者がなかなか集まらなくて困っている。それに対して，手伝いを申し出ている1が正解。

ボランティア (volunteer)

The man is frustrated because he can't seem to recruit

enough volunteers. The correct response is (1), in which the woman offers to lend him a hand.

「ボランティア」(志愿者)
男人正在为募集不到志愿者而困扰。对此，主动提出来帮忙的 1 是正确答案。

「ボランティア」(자원봉사)
남자는 자원봉사의 참가자가 좀처럼 모이지 않아 고민하고 있다. 거기에 대해 도움을 자청하고 있는 1이 정답.

[7] 男の人は、自信があった企画書をだめだと言われて落ち込んでいる。それに対して励ましている 2 が正解。

企画書 (project proposal)
The man is feeling down because the project proposal he was confident would be accepted was ultimately rejected. The natural response would be to offer some words of encouragement, so the correct answer is (2).

「企画書」(企画书)
男人原本对自己的企画书充满自信，却被说了不行，所以情绪低落。因此鼓励他的选项 2 是正确答案。

「企画書」(기획서)
남자는 자신있던 기획서가 나쁜 평가를 받아 실망하고 있다. 거기에 대해 격려하고 있는 2가 정답.

[8] 「今度こそ」と強調していることから、あまり勝ってないことが分かる。勝ち負けの話であることは、「チーム」という言葉からも分かる。

The man adds extra emphasis by saying 今度こそ ("next" time), so it's clear that the team hardly ever wins. The word チーム (team) reveals that the speakers are talking about winning and losing in sports.

从在强调「今度こそ」(下次肯定…) 这里可以看出没有怎么赢。从「チーム」(队) 这个单词里也可以推测出是在说关于比赛胜负的话题。

「今度こそ」(이번에야말로) 라며 강조하는 것으로 보아 그다지 이기고 있는 것 같지는 않다는 것을 알 수 있다. 「チーム」(팀) 이라는 단어에서도 알 수 있다.

[9] 「わたしたち、あしたから…」と言っているので、女の人も男の人も一緒に、これから海外出張に行くことが分かる。

The woman states わたしたち、あしたから…, so we know that both her and the man are going together on a business trip overseas.

从「わたしたち、あしたから…」这句话中，可以知道接下来男人要和女人一起去国外出差。

「わたしたち，あしたから…」 라고 하고 있으므로 지금부터 남자도 여자도 함께 해외출장을 가는 것을 알 수 있다.

[10] 「〜っけ」は、はっきり記憶していないことを確認するのに使う。ここで「伺いました」は「聞きました」の謙譲語。

〜っけ is used when you can't remember exactly and are asking the other person for confirmation. In this sentence the word 伺いました is the humble form of 聞きました.

「〜っけ」用于对自己记的不太清楚的事情进行确认。这里的「伺いました」是「聞きました」的谦语。

「〜っけ」는 불확실한 기억을 확인할 때에 사용한다. 여기서 「伺いました」는 「聞きました」의 겸양어.

[11] 「行ったつもりで」＝「行ったと仮定して」。

行ったつもりで means 行ったと仮定して (assumed that she was going on a trip).

「行ったつもりで」＝「行ったと仮定して」(假设去了)。

「行ったつもりで」＝「行ったと仮定して」(갔다고 가정하고).

[12] 相手が「何かあったのかと思いました」と心配をしてくれているので、それに対して謝っている 3 が正解。

The woman was worried that 何かあったのかと思いました. Thus, the most natural response would be (3), in which the man apologizes for the worry he caused.

因为对方是在为说话人担心，说「何かあったのかと思いました」，所以对对方表示歉意的选项 3 是正确答案。

상대방이 「何かあったのかと思いました」라고 걱정해 주고 있으므로 거기에 대해 사과하고 있는 3이 정답.

▶問題 5 統合理解 CD33〜CD36

Section 5 Integrated Comprehension／
問題 5 综合理解／문제 5 통합이해

[1] まずは、「メタボ」が何なのか会話から理解しよう。「晩御飯は不規則だし、食べて帰ってきた時だって、ラーメンとギョーザばっかりだったじゃない」という母の話に対して、父も「それはそうだ」と納得しこれから気をつけることにしたので、正解は3。「〜ば（っ）かり」は、同じことを何度も繰り返していることを述べる場合に使われる表現で、ここではラーメンとギョーザばかり食べていることを否定的に言っている。

へそ (belly button, stomach)、カロリー (calorie)、不規則 (irregular)
Focus on understanding what メタボ is by listening to the conversation. The mother says that the dad 晩御飯は不規則だし、食べて帰ってきた時だって、ラーメンとギョーザばっかりだったじゃない. He says それはそうだ, showing that he agrees with what the mother says and promises to be more careful about his diet, so the correct answer is (3). The word 〜ば（っ）かり is used to indicate that something is done often or repeatedly. In this conversation it is used to negatively describe the father&s habit of eating ramen noodles and Chinese dumplings (gyoza) late at night when eating out before he comes home from work.

「へそ」(肚脐)，「カロリー」(热量)，「不規則」(不规律)
首先要从会话中理解「メタボ」的意思。对于妈妈说的「晩ご飯は不規則だし、食べて帰ってきた時だって、ラーメンとギョーザばっかりだったじゃない」这句话，爸爸也同意的说「それは

どうだ」，并且表示要从今后开始要注意，因此答案是3。「～ば(っ)かり」是用于反复说同一件事时的表达方式，在这里在是对光吃拉面和煎饺表示不满。

「へそ」(배꼽)，「カロリー」(칼로리)，「不規則」(불규칙)
먼저「メタボ」가 무엇인지 회화를 통해 이해하도록 한다.「晩御飯だし、食べて帰ってきた時だって、ラーメンとギョーザばっかりだったじゃない」라는 어머니의 말에 대해 아버지도「それはそうだ」라고 납득하며 지금부터 조심하려고 하므로 정답은 3.「～ば(っ)かり」는 같은 행동을 반복할 때 사용하는 표현으로 여기서는 라면과 만두만 먹는 것을 부정적으로 말하고 있다.

2「自分に体力がどれくらいあるかも知らないし、自信もない」(母親)、「そういう理由なんだ」(息子)という会話から「体力」が関係することが分かる。「体が言うことをきかない」とは、体が思うように動かないという意味。「おことわり」は相手の申し出（ここでは、一緒にトレーニングすること）を断ること。

スポーツセンター (sports center), 体力をつける (to build up physical strength)
In this conversation the 母親 says 自分に体力がどれくらいあるかも知らないし、自信もない, to which the 息子 replies そういう理由なんだ, thus we can assume they are talking about 体力 (physical strength). The phrase 体が言うことをきかない means that your body doesn't respond and move in the way you would like. The word おことわり is used to decline someone's request or offer (in this instance, the father's offer to exercise together with the mother).

「スポーツセンター」(体育中心)。「体力をつける」(加强体力)
从「自分に体力がどれくらいあるかも知らないし、自信もない」(母親)、「そういう理由なんだ」(息子)这段会话中，可以知道跟「体力」(体力)有关。「体が言うことをきかない」(身体不听使唤)的意思是身体不能像自己想的那样动起来。「おことわり」是指拒绝对方的请求（这里是指一起锻炼的事）。

「スポーツセンター」(스포츠 센터)，「体力をつける」(체력을 기르다)
「自分に体力がどれくらいあるかも知らないし、自信もない」(母親)，「そういう理由なんだ」(息子)의 회화에서「体力」(체력)이 관계있는 것을 알 수 있다.「体が言うことをきかない」(몸이 말을 듣지 않는다)란 몸이 생각대로 잘 움직이지 않는다의 의미.「おことわり」란 상대방의 권유（여기서는 같이 트레이닝하기）를 거절하는 것.

3 (1) 事前の状況説明で「メニューの説明」とあり、選択肢にAコース～Dコースとあることから、4つのメニューがあって、それに関する説明があることが予測できる。それぞれのコースの説明に関して、メモを取りながら注意深く聞こう。「平目」、「赤ワイン煮」など耳慣れない言葉が出てくるが、分かる部分を集中して聞こう。店員は「こちら(＝Bコース)は『本日のおすすめメニュー』」と言っており、男の人は「今日のおすすめ」にすると言っているので、注文するのは2の「Bコース」。

コース料理 (course meal), シーフード (seafood), おすすめ (recommended dish)
The preliminary explanation of the situation indicates that the server is going to provide a メニューの説明. The server states that there are four different courses (A through D), so you can assume that she is going to describe the items for each. Make sure to listen carefully and take notes about the items featured in each course. You may hear some words that are not normally used within everyday conversation, such as 平目 Japanese flounder and 赤ワイン煮 (red wine sauce), but don't let yourself be distracted. Concentrate on picking up the words you recognize. The server says (こちら〔＝Bコース〕は『本日のおすすめメニュー』), and the man states that he will have 今日のおすすめ, so the course that he orders is (2) Bコース.

「コース料理」(西式套餐)，「シーフード」(海鲜)，「おすすめ」(推荐)
在会话前的场景说明中提到了「メニューの説明」，并且从选项里写着的A套餐～D套餐中，可以推测是有4种菜单，下面的内容是关于各个菜单的说明。要注意边听对各个套餐的说明，边做笔记。对话中虽然有「平目」(比目鱼)，「赤ワイン煮」(用红酒煮的)等不太熟悉的单词出现，但要集中精神听能听懂的部分。店员说到「こちら(＝Bコース)は『本日のおすすめメニュー』」，男人就说选「今日のおすすめ」，所以点的是选项2的「Bコース」。

「コース料理」(코스 요리)，「シーフード」(해산물)，「おすすめ」(추천 요리)
시작 전 상황 설명에서의「メニューの説明」과 선택지의 A 코스～D 코스로 보아 4가지 메뉴가 있으며 그것에 대한 설명이 있을 것을 예측할 수 있다. 각각의 코스에 관한 설명을 메모해가며 주의깊게 듣도록 하자.「平目」(광어)，「赤ワイン煮」(적포도주 찜) 등 익숙하지 않은 단어가 나오지만 아는 부분을 집중해서 듣도록 하자. 점원은「こちら(＝Bコース)は『本日のおすすめメニュー』」라고 하며 남자는「今日のおすすめ」라고 하고 있으므로 주문하는 것은 2의「Bコース」.

(2) 女の人は「お肉」料理で「このお店の自慢料理にする」と言っているので，「当店自慢」という説明のあった3の「Cコース」。「女性に人気のコース」ではない肉料理ということからもCコースと分かる。

当店 (this restaurant) 自慢 (specialty)
The woman states that she prefers お肉 and will このお店の自慢料理にする, referring to the 当店自慢 that was mentioned in the description of the C コース in (3). The man asks her if she wants the course that is popular among women, but she tells him that she would rather have the restaurant's specialty. This provides us with another hint indicating that she orders the beef-oriented C course, rather than 女性に人気のコース.

「当店」(本店)「自慢」(招牌〔菜〕)
女人说「お肉」类的菜，要「このお店の自慢料理にする」，所以会话中提到的「当店自慢」的「Cコース」的选项3是正确答案。另外从不是「女性に人気のコース」的肉类菜这句也可以知道是C套餐。

「当店」(당점，저희 가게)，「自慢」(자랑)
여자는「お肉」요리에서「このお店の自慢料理にする」라고 하므로「当店自慢」이라는 설명이 있었던 3의「Cコース」.「女性に人気のコース」가 아닌 육류 요리로도 C 코스임을 알 수 있다.

第2回 言語知識

Language Knowledge／言語知识／언어 지식

文字・語彙
Kanji Reading and Vocabulary／文字・词汇／문자・어휘

▶問題1 漢字読み
Section 1 Kanji Reading／问题1 汉字的读音问题／문제1 한자 읽기

1 「憎らしいほど〜」で、「嫌味なぐらい〜だ」という意味。

The word 憎らしいほど〜 means 嫌味なぐらい〜だ (so --- it disgusts me).

「憎らしいほど〜」的意思是「嫌味なぐらい〜だ」(〜到令人厌烦)。

「憎らしいほど〜」는「嫌味なぐらい〜だ」(미울 정도로 〜다) 는 의미이다.

2 「後」は選択肢1〜4全ての読み方があるが、「後(のち)に〜」で「将来」という意味。

Though each of the choices given is a correct reading of 後, the best answer here is (1) 後(のち)に〜 because it refers to the 将来 (future).

「後」这个字四个选项的读音都有,「後(のち)に〜」的意思是「将来」(将来)。

「後」는 선택지 1〜4 의 읽기가 모두 가능한데,「後(のち)に〜」로「将来」(장래) 라는 의미가 된다.

3 「残高」は残っている金額のこと。「残り物」のように「残」を「のこり」と読む場合、送り仮名があることが多い。

残高 indicates the remaining balance. Kana suffixes are often used when 残 is read as のこり, such as in the word 残(のこ)り物.

「残高」的意思是剩下的钱。像「残(のこ)り物」这样,「残」在读作「のこり」的时候, 汉字后面跟有假名的情况居多。

「残高」는 남아 있는 금액을 말한다.「残(のこ)り物」와 같이「残」을「のこり」라고 읽을 경우, 한자 뒤에 り를 쓰는 일이 많다.

4 「後悔」は後になってから、しなければよかったと思うこと。「後」を「ゴウ」、「悔」を「ガイ」とは読まない。

The word 後悔 means to regret something that one has done. 後 and 悔 are not read as ゴウ and ガイ, respectively.

「後悔」是到了后来 觉得不这么做的话就好了。「後」不读作「ゴウ」, 而「悔」不读作「ガイ」。

「後悔」는 나중에 하지 말았으면 좋았을 거라고 생각하는 것.「後」를「ゴウ」,「悔」를「ガイ」라고 읽지 않는다.

5 「副作用」は薬や治療の影響で、別の症状が出ること。「抗がん剤の副作用で髪の毛が抜けた」のように使う。「用」は「ギョウ」とは読まない。

副作用 are the side effects that occur as a result of taking medicine or receiving medical treatment. It is used to describe phenomena such as 抗がん剤の副作用で髪の毛が抜けた (people lose their hair due to the side effects of anticancer agents). 用 is never read as ギョウ.

「副作用」是因为药或者治疗的原因, 出现了其他的症状。「抗がん剤の副作用で髪の毛が抜けた」(由于抗癌药的副作用, 头发都掉了。)「用」不读作「ギョウ」。

「副作用」는 약이나 치료의 영향으로 다른 증상이 나타나는 것.「抗がん剤の副作用で髪の毛が抜けた」(항암제의 부작용으로 머리가 빠졌다) 와 같이 쓴다.「用」는「ギョウ」라고는 읽지 않는다.

▶問題2 表記
Section2 Orthography／问题2 书写／문제2 표기

6 「構」と「講」は字の形が似ているので注意すること。「構成」「結構」、「講義」「講師」など。

The kanji 構 and 講 look nearly identical, so be careful not to confuse them. 構 is featured in words such as 構成 and 結構, while 講 is used in 講義 and 講師.

「構」和「講」的字形很相近, 应加以留意。例如「構成」「結構」、「講義」「講師」等等。

「構」와「講」는 글자 형이 비슷하므로 주의할 것.「構成」「結構」,「講義」「講師」등.

7 「望み」は希望のこと。2〜4の言葉はない。

望み means wish or hope. Answers (2) through (4) are not real words.

「望み」的意思是希望。第二选项到第四选项并不存在。

「望み」는 희망을 뜻한다. 2〜4 와 같은 말은 없다.

8 「不正」は正しくないこと。1も「ふせい」と読むが、使う場面が少ない。2、4の言葉はない。

不正 means incorrect or improper. Answer (1) is also read ふせい, but this word is rarely used. Answers (2) and (4) are not real words.

「不正」的意思是不正确。第一选项虽然也读作「ふせい」, 但是使用的场合很少。而第二选项和第四选项不存在。

「不正」는 옳지 않은 일. 1도「ふせい」라고 읽지만 잘 쓰지 않는다. 2, 4와 같은 말은 없다.

9 「容易」は簡単ということ。1も「ようい」と読むが、準備するということなので、問題文には意味が合わない。3、4の言葉はない。

The word 容易 means simple. Though answer (1) is also read ようい, it refers to making preparations, so it does not fit the context of the sentence. Answers (3) and (4) are not real words.

「容易」的意思是简单。第一选项虽然也读作「ようい」, 但因为是准备的意思, 与问题的意思不符。第三选项和第四选项并不存在。

「容易」는 간단한 것. 1도「ようい」라고 읽지만 준비한다는

뜻이므로 문제에 맞지 않다. 3, 4의 말은 없다.

10 4の辞書形「盗む」は誰かのものをとること。3の辞書形は「踏む」。1, 2の言葉はない。

The dictionary form of (4) is 盗む. This word refers to taking an object that belongs to someone else. 踏む is the dictionary form of answer (3). Answers (1) and (2) are not real words.

第四选项的原形「盗む」的意思是偷谁的东西。第三选项原形是「踏む」。第一选项和第二选项并不存在。

4의 기본형「盗む」는 누군가의 것을 훔치는 것. 3의 기본형은「踏む」. 1, 2와 같은 말은 없다.

▶ **問題3 語形成**
Section 3 Word Formation／問題3 语的形成／
문제 3 단어 형성

11 「4 ありがたさ」はどんなに大切で感謝しなければならないかということ。1、3と間違えやすいが、「健康の」といっしょには使えない。

The word ありがたさ in answer (4) indicates the great sense of appreciation or gratitude one should feel for something. Though both (1) and (3) seem to fit the context of this sentence, neither is used with the phrase 健康の.

第四选项「ありがたさ」的意思是很重要，必须感谢。第一选项和第三选项虽然很容易混淆，但是不能和「健康の」在一起使用。

「4 ありがたさ」는 얼마나 소중한지 감사해야 한다는 뜻이다. 1, 3과 혼동하기 쉬운데 이들은「健康の」와 같이는 쓸 수 없다.

12 「立ち直る」は悪い状態から抜けて、よくなること。「4 立ち去る」はそこから離れること。「2 立ち返る」は助詞「～から」と一緒に使わない。3の言葉はない。

The word 立ち直る describes overcoming a bad condition and making a recovery. 立ち去る in (4) means to leave a place. The word 立ち返る in (2) is never used together with the particle ～から. (3) is not a real word.

「立ち直る」的意思是从坏状况中走出来,变好。而第四选项「立ち去る」的意思是从那里离开。第二选项「立ち返る」不能和助词「～から」一起使用。第四选项的单词并不存在。

「立ち直る」는 나쁜 상태에서 벗어나 좋아지는 것.「4 立ち去る」는 떠나는 것.「2 立ち返る」는 조사「～から」와 같이 쓰지 않는다. 3의 말은 없다.

13 「疲れ果てる」はすっかり疲れきること。1, 3, 4は「疲れ～」という形では使えない。

The word 疲れ果てる means to be utterly exhausted. Answers (1), (3), and (4) are not used with the 疲れ～ form.

「疲れ果てる」的意思是非常疲劳, 疲劳不堪。而第一,三,四选项不可以以「疲れ～」的形式出现。

「疲れ果てる」는 완전히 지쳐버리는 것. 1, 3, 4는「疲れ～」라는 형으로는 쓸 수 없다.

14 「トップレベル〔top level〕」は「最高水準」という意味。1、2、3は一般的に「トップ～」とは言わない。

In this particular sentence the phrase トップレベル〔top level〕 means 最高水準 (the highest standard). In Japanese, トップ～ is generally not used with the words featured in answers (1), (2), and (3).

「トップレベル〔top level〕」的意思是「最高水準」(最高水平)。第一，第二和第三选项一般不加「トップ～」表示。

「トップレベル〔top level〕」는「最高水準」(최고 수준) 이라는 의미이다. 1, 2, 3은 일반적으로「トップ～」라고는 하지 않는다.

15 1～4はそれぞれ名詞の前につくと「全部」という意味を表すが、「暗記」につくのは1「丸」のみ。一字一句までそのまま覚えること。

Though each of the kanji in answers (1) through (4) can be attached to a noun to indicate 全部 (all or completely), the only one that can be used with 暗記 (memorize) is (1) 丸. 丸暗記 means to commit every word and detail to memory.

第一选项到第四选项前面分别加上名词的话，都是「全部」(全部) 的意思。而可以与「暗記」(背) 相连接的只有第一选项的「丸」。表示连一字一句都完整记住的意思。

1～4는 각각 명사 앞에 붙으면「全部」(전부) 라는 의미를 나타내는데,「暗記」(암기) 에 붙는 것은 1「丸」뿐이다. 글자 하나 하나까지 그대로 다 외는 것.

▶ **問題4 文脈規定**
Section 4 Contextually-Defined Expressions／
問題4 既定文脉／문제 4 문맥 규정

16 「考えを～」の形で使えるのは「2 まとめて」のみ。「要点を整理する」という意味。

The only answer that can be used with the 考えを～ form is (2) まとめて. In this sentence the speaker is saying that he/she will 要点を整理する (lay out the key points) before making a report.

可以以「考えを～」的形式使用的只有第二选项「まとめて」。是「要点を整理する」(整理要点) 的意思。

「考えを～」라는 형으로 쓸 수 있는 것은「2 まとめて」뿐이다.「要点を整理する」(요점을 정리하다) 라는 의미.

17 「4 感心する」は立派な様子に心が動くこと。「3 用心する」は事前に気をつけること。1, 2は「～する」の形では使わない。

The expression 感心する in answer (4) means that one feels genuinely moved by something grand or magnificent. 用心する in (3) describes exercising caution before doing something. Answers (1) and (2) are never used with the ～する form.

第四选项「感心する」的意思是看到很厉害的样子而感到钦佩。第三选项「用心する」的意思是在事前注意。而第一选项和第二选项不以「～する」的形式使用。

「4 感心する」는 훌륭한 모양에 마음이 움직이는 것.「3 用心する」는 사전에 조심하는 것. 1, 2는「～する」의 형으로는 쓰지 않는다.

18 「1 しっかり」は「きちんと確実に」という意味。「2 すっかり」は「完全に」、「3 はっきり」は「明瞭に」、「4 ぴったり」は「ちょうど」という意味。

The word しっかり in answer (1) indicates something is done きちんと確実に (properly and thoroughly). (2) すっかり means 完全に (completely), はっきり in (3) is used to refer to something that is made 明瞭に (clear and understandable). ぴったり in answer (4) means ちょうど (exactly or precisely).

第一选项「しっかり」的意思是「きちんと確実に」(好好儿的，确实的)。第二选项「すっかり」的意思是「完全に」(完全的)，第三选项「はっきり」的意思是「明瞭に」(明确的)，第四选项「ぴったり」的意思是「ちょうど」(正好)。

「1 しっかり」는「きちんと確実に」(바르고 확실하게) 라는 의미이다.「2 すっかり」는「完全に」(완전히),「3 はっきり」는「明瞭に」(명확하게),「4 ぴったり」는「ちょうど」(꼭, 정확히) 라는 의미.

19 「1 いったん」は「一時的に」という意味。「2 ぜひ」は後ろに「～たい」「～てください」など、希望や依頼の表現がくる。「3 いつも」は問題文のように一回だけのことには使えない。「4 すでに」は「もう～終わった／なった」などのことに対して使う。

The word いったん in answer (1) means 一時的に (temporarily; for a short while). Answer (2) ぜひ is often followed by expressions containing ～たい and ～てください, which are used to indicate one's wish or request. いつも in answer (3) does not fit the context of this sentence, for it means that something is always done, rather than just once. Answer (4) すでに is used to indicate that something has もう～終わった／なった (already finished/changed).

「いったん」的意思是「一時的に」(一时)。第二选项「ぜひ」的后面跟有「～たい」「～てください」等时，表示希望以及依赖。第三选项「いつも」像这道题的题目一样，在表示仅此一次的时候不能使用。第四选项「すでに」在表示「もう～終わった／なった」(已经结束了) 等时候使用。

「1 いったん」은「一時的に」(일시적으로) 라는 의미이다.「2 ぜひ」는 뒤에「～たい」「～てください」와 같은 희망이나 의뢰의 표현이 온다.「3 いつも」는 문제와 같이 한 번뿐인 일에는 쓸 수 없다.「4 すでに」는「もう～終わった／なった」(이미 ~ 끝났다 / 되었다) 와 같은 데에 사용한다.

20 「手間がかかる」は時間がかかったり、作業内容が多いこと。「4 迷惑（がかかる）」は他に被害が及ぶこと。1、2は「～がかかる」の形では使わない。

The expression 手間がかかる indicates that something takes a long time to do, and that there are many steps involved in the process. 迷惑〔がかかる〕 in answer (4) means to cause an inconvenience or bother someone else. Answers (1) and (2) are not used with the ～がかかる form.

「手間がかかる」的意思是花费时间，工作的内容很多。第四选项「迷惑（がかかる）」的意思是使他人受到危害。第一选项和第二选项不能以「～がかかる」的形式使用。

「手間がかかる」는 시간이 걸리거나 작업 내용이 많은 것이다.

「4 迷惑（がかかる）」는 타인에게 피해가 미치는 것. 1, 2 는「～がかかる」라는 형으로는 쓰지 않는다.

21 「4 すなおな（人）」はまっすぐで正直な心の人。「2 ひきょうな（人）」はずるい人、「3 よくばりな（人）」は必要以上に何かをほしがる人。1はあまり性格には使わない。

すなおな〔人〕 in answer (4) is an expression used to describe a person that is honest and direct. Answer (2) ひきょうな〔人〕 indicates a person that is mean and underhanded, while (3) よくばりな〔人〕 refers to a person that desires to have more than he/she really needs. The word in answer (1) is rarely used when describing someone's personality.

第四选项「すなおな（人）」的意思是很直率，有正直心的人。第二选项「ひきょうな（人）」的意思是狡猾的人。第三选项「よくばりな（人）」的意思是想得到很多需要以上的东西的人。而第一选项不适用于性格。

「4 すなおな（人）」는 바르고 정직한 마음을 가진 사람.「2 ひきょうな（人）」는 교활한 사람,「3 よくばりな（人）」는 필요 이상으로 무언가를 탐하는 사람. 1은 성격을 나타내는 데는 그다지 쓰지 않는다.

22 3の辞書形「（息を）つく」は一段落して安心すること。1、2、4も「息を吸う／吐く／する」と言えるが、実際の呼吸のことを指している。

The dictionary form of the verb in (3) is〔息を〕つく, and it means to take a break and catch one's breath.〔息を吸う／吐く／する〕 in answers (1), (2), and (4) are commonly used expressions, but each refers to the actual act of breathing.

第三选项的原形「（息を）つく」的意思是经过一段时间后放心了。第一、第二和第四选项虽然也能说成是「息を吸う／吐く／する」，但是指的是实际的呼吸。

3의 기본형「（息を）つく」는 일단락되어 안심하는 것. 1, 2, 4도「息を吸う／吐く／する」라고 할 수 있지만, 이들은 실제의 호흡을 가리킨다.

▶問題5 言い換え類義
Section 5 Paraphrases ／問題5 近义词／문제 5 유의 표현

23 「わずか」は数量や時間などが少ないこと。「4 ほんの」も少なさを強調する。

The word わずか means there is little time or that the amount is small. ほんの in answer (4) is also used to emphasize that something is rather small or that the amount is extremely limited.

「わずか」的意思是数量和时间等很少。第四选项「ほんの」也是强调很少。

「わずか」는 수량이나 시간이 적은 것이다.「4 ほんの」도 적다는 것을 강조한다.

24 「築く」は基礎から作り上げることなので、4が正しい。

築く refers to building up from the base, thus the correct answer is (4).

因为「築く」的意思是在原有的基础之上构建，所以第四选项

是正確答案.

「築く」는 기초부터 만들어 내는 것이므로 4가 맞다.

25 「こなす」は仕事などやるべきことを処理すること。2の辞書形「消化する」にも同様の意味がある。

The word こなす means to take care of work or tasks that need to be done. The dictionary form of answer (2) 消化する shares a similar meaning.

「こなす」的意思是处理工作等不得不做的事情。第二选项的原形「消化する」也有相同的含义。

「こなす」는 해야 할 일을 처리하는 것. 2의 기본형「消化する」에도 같은 의미가 있다.

26 「これといった／これといって～はない」は「特に注目すべき～はない」という意味なので、3が正しい。

The expression これといった／これといって～はない means 特に注目すべき～はない (there is really nothing --- that needs to be noted), so for this sentence the correct answer is (3).

因为「これといった／これといって～はない」的意思是「特に注目すべき～はない」(没有需要特别关注的), 所以第三选项是正確答案.

「これといった／これといって～はない」는「特に注目すべき～はない」(특히 주목할 만한~는 없다)는 의미이므로 3이 맞다.

27 「覚え」は「覚えていること」という意味なので2が正しい。

The word 覚え means 覚えていること (something one that remembers), thus the correct answer is (2).

因为「覚え」的意思是「覚えていること」(记住的事情), 所以第二选项是正確答案.

「覚え」는「覚えていること」(기억하고 있는 것) 이라는 의미이므로 2가 맞다.

▶問題6 用法

Section 6 Usage ／問題6 用法／문제 6 용법

28 「夢中」は「一所懸命～する、熱中する」という意味。動詞ではないので、1は「夢中になっている」、2は「ぼうっとしている」、4は「魅了」に言い換えられる。

夢中 means 一所懸命～する、熱中する (to do --- with all one's might; to do wholeheartedly). This word is not a verb, so the correct version of (1) would be 夢中になっている (that kid's really into soccer). (2) can be replaced with the expression ぼうっとしている (to feel out of it and half asleep). The word that best fits the context in (4) would be 魅了 (to amaze, dazzle).

「夢中」的意思是「一所懸命～する、熱中する」(拼命的～, 热衷于～)。因为不是动词, 所以第一选项可以与「夢中になっている」(着迷于～), 第二选项可以与「ぼうっとしている」(发愣), 而第四选项可以与「魅了」(使人着迷) 相替换。

「夢中」는「一所懸命～する、熱中する」(열심히 ～하다, 열중하다) 라는 의미이다. 동사가 아니므로 1은「夢中になっている」(열중해 있다), 2는「ぼうっとしている」(멍하니 있다), 4는「魅了」(매료) 로 바꿔 말할 수 있다.

29 「わざと」は故意にすること。4の文は「本当は知っているのに、知らないふりをした」という意味。1、2は「わざわざ」、3は「思わず」に言い換えられる。

The expression わざと indicates that something is done deliberately. わざと best fits the context of (4), which means 本当は知っているのに、知らないふりをした (to act like you didn't know, even though you really did). Answers (1) and (2) can both be replaced with the word わざわざ, while the most appropriate word for (3) is 思わず.

「わざと」的意思是故意的。第四选项的意思是「本当は知っているのに、知らないふりをした」(明明是知道的, 但是装作不知道。) 第一选项和第二选项可以与「わざわざ」而第三选项可以与「思わず」相替换。

「わざと」는 고의로 하는 것. 4의 문은「本当は知っているのに、知らないふりをした」(사실은 알고 있는데 모르는 척하다) 는 의미. 1, 2는「わざわざ」、3은「思わず」로 바꿔 말할 수 있다.

30 「無駄」は「何かしても役に立たない、意味がない」ということ。1の文は「頼んでも断られる」という意味。2は「無理」、3は「無駄になってしまった」、4は「無性に」に言い換えられる。

The word 無駄 refers to 何かしても役に立たない、意味がない (doing something that is meaningless or serves no purpose). In sentence (1) the speaker is saying 頼んでも断られる (he'll only turn you down if you ask him). The word that best fits the context of (2) would be 無理 (impossible, too much). The correct version of (3) would be 無駄になってしまった (all the food ended up going to waste), while the word 無性に (really, incredibly) can be inserted in sentence (4).

「無駄」的意思是「何かしても役に立たない、意味がない」(什么用也没有, 没有意义)。第一选项的意思是「頼んでも断られる」(即使拜托他也会被拒绝)。第二选项可以和「無理」(硬撑), 第三选项可以和「無駄になってしまった」(没有用了), 第四选项可以和「無性に」(非常) 相替换。

「無駄」는「何かしても役に立たない、意味がない」(무언가 해도 도움이 안되다, 의미가 없다) 는 뜻이다. 1의 문은「頼んでも断られる」(부탁해도 거절당한다) 는 의미. 2는「無理」(무리), 3은「無駄になってしまった」(헛일이 되고 말았다), 4는「無性に」(몹시) 로 바꿔 말할 수 있다.

31 「ごまかす」は嘘や間違いを、他人にはわからないようにうまくかくすこと。3の文は「実際の年より若く（または多く）言う」という意味。1は「裏切る」、2は「間違えて」、4は「だまして」に言い換えられる。

The word ごまかす means to cleverly conceal lies or problems that exist and prevent others from discovering the truth. In sentence (3) the woman 実際の年より若く〔または多く〕言う (said she was younger〔or older〕than she actually is), thus (3) is correct. The most appropriate word for sentence (1) would be 裏切る (to betray). Sentence (2) can be replaced with the word 間違えて (mistake the time), while the word that best fits the context in (4) is だまして (deceive).

「ごまかす」的意思是为了让他人不知道而来掩盖谎言和错误。第三选项的意思是「実際の年より若く（または多く）言う」(说的比实际年龄小（或者大))。第一选项可以和「裏切る」(出卖)，第二选项可以和「間違えて」(错误)，第四选项可以和「だまして」（骗）相替换。

「ごまかす」는 거짓이나 잘못을 타인이 모르도록 교묘하게 숨기는 것. 3의 문은「実際の年より若く（または多く）言う」(실제 나이보다 젊게 [또는 많게] 말하다) 는 의미이다. 1은「裏切る」(배신하다), 2는「間違えて」(잘못 알고), 4는「だまして」(속여서) 로 바꿔 말할 수 있다.

32 「先」はいろいろな使い方があるが、2の文は「引っ越して行く場所」という意味。1、3は「前」、4は「後」に言い換えられる。

There are many different uses for the word 先, but in (2) it is used to refer to 引っ越して行く場所 (the address of the place Tanaka is moving to). The most appropriate word for (1) and (3) would be 前, while 後 can be inserted in (4).

「先」虽然有很多种使用方法，但第二选项的意思是「引っ越して行く場所」(将要搬去的地方)。第一选项和第三选项可以和「前」，而第四选项可以和「後」相替换。

「先」는 여러 가지 사용법이 있는데, 2의 문은「引っ越して行く場所」(이사 갈 장소) 라는 의미이다. 1, 3은「前」, 4는「後」로 바꿔 말할 수 있다.

文法 Grammar／语法／문법

▶問題7　文の文法1（文法形式の判断）
Section 7 Sentential Grammar 1 (Selecting grammar form)／
问题7 句子的语法（语法的判断）／
문제7 문장의 문법1 (문법형식 판단)

33 「4（～に）あたって」は「（大切なことをする）時に」という意味。1と2は「（名詞）において／対して」の形で使う。3は「時間が経つにつれて、だんだん忘れていく」のように、前と後ろに変化を表す言葉がくる。

The expression 〔～に〕あたって used in (4) means (when (doing something important)). The correct usage of answers (1) and (2) is 〔名詞〕において／対して. につれて in (3) is both preceded and followed by words that convey the idea of change occurring, such as 時間が経つにつれて、だんだん忘れていく (to gradually forget as time progresses).

「4（～に）あたって」的意思是「（大切なことをする）時に」([做很重要的工作时] 时候)。第一选项和第二选项以「（名詞）において／対して」的形式使用。第三选项像在表示「時間が経つにつれて、だんだん忘れていく」(随着时间的经过，而淡淡忘却) 的时候，前后多跟有表示变化的单词。

「4（～に）あたって」는「（大切なことをする）時に」([중요한 일을 할] 때에) 라는 의미이다. 1과 2는「（名詞）において／対して」의 형으로 사용한다. 3은「時間が経つにつれて、だんだん忘れていく」(시간이 경과함에 따라서 점차 잊게 되다) 와 같이, 전후에 변화를 나타내는 말이 온다.

34 「3 次第で」は「～によって」という意味。問題文は「人の印象も髪型によって変わる」という意味。

Answer (3) 次第で means によって (by, depending on ---, as a result of ---, because of ---). The meaning of this sentence is 人の印象も髪型によって変わる (the impression people give depends on their hairstyle).

第三选项「次第で」的意思是「～によって」(根据)。问题的意思是「人の印象も髪型によって変わる」(人的印象根据发型的不同而改变)

「3 次第で」는「～によって」(~에 따라서) 라는 의미이다. 문제는「人の印象も髪型によって変わる」(사람의 인상도 머리 모양에 따라서 달라진다) 는 의미.

35 「～も～ば～も」の形で例をいくつか示す表現。問題文では「よく売れている」理由として、写真とテレビの例を挙げている。

～も～ば～も is a grammatical form used to introduce a string of examples. In this sentence, reasons given for why the new model よく売れている (is selling well) are that users can take pictures and watch TV.

「～も～ば～も」的形式是举几个例子的表达方式. 问题中作为「よく売れている」(卖的很好) 的理由，举了照片和电视的例子。

「～も～ば～も」의 형으로 예를 몇 가지 드는 표현이다. 문제에서는「よく売れている」(잘 팔리고 있는) 이유로서, 사진과 텔레비전의 예를 들고 있다.

36 「2 ないことには」は「～しなければ」という意味。問題文は「会って話したらわかるかもしれないが、会って話さなければわからない」という意味になる。1, 3, 4は「～てみない」といっしょには使えない。

ないことには in answer (2) means ～しなければ. In this sentence the speaker is saying 会って話したらわかるかもしれないが、会って話さなければわからない (if you don't go and talk to her, there's no way you'll ever know how she really feels). Answers (1), (3), and (4) cannot be used with ～てみない.

第二选项「ないことには」的意思是「～しなければ」。问题的意思是「会って話したらわかるかもしれないが、会って話さなければわからない」(见到面谈一下的话也许知道, 不见面谈的话, 不会知道。) 第一, 三, 四选项不可以和「～てみない」一起使用。

「2 ないことには」는「～しなければ」라는 의미이다. 문제는「会って話したらわかるかもしれないが、会って話さなければわからない」(만나서 이야기하면 알 수도 있겠지만, 만나서 이야기하지 않으면 모른다) 는 의미가 된다. 1, 3, 4는「～てみない」와 같이는 쓸 수 없다.

37 「3 あげく」は「いろいろな事があって、結局」という意味。2は「相談した上でお返事します」のように、「前の結果が出てから～する」という

意味。4は「パンを買ったついでにジャムも買った」のように、「前のことをする時、ちょうどいい機会なので、追加で〜もする」という意味。

The word あげく in answer (3) means いろいろな事があって、結局 (in the end; after a number of things, ultimately). 上で in (2) is used to indicate 前の結果が出てから〜する (do --- after the outcome of the previous matter is known), such as in the sentence 相談した上でお返事します (I will reply once I have consulted with my superior). ついでに in (4) means (to take advantage of the opportunity and do --- after you finish doing something first). For example, パンを買ったついでにジャムも買った.

第三选项「あげく」的意思是「いろいろな事があって、結局」(经历了很多事后，最终。) 第二选项像「相談した上でお返事します」(商量过之后给您回信) 这样，是「前の結果が出てから〜する」(之前的结果出了之后，再〜做) 的意思。而像第四选项「パンを買ったついでにジャムも買った」这样，是「前のことをする時、ちょうどいい機会なので、追加で〜もする」(在做之前一件事的时候，因为正好有机会，所以也一起做〜) 的意思。

「3 あげく」는「いろいろな事があって、結局」(여러 일이 있고서 결국) 이라는 의미이다. 2는「相談した上でお返事します」(상담한 후에 대답하겠습니다) 와 같이「前の結果が出てから〜する」(앞의 결과가 나오고 나서 〜 하다) 는 의미. 4는「パンを買ったついでにジャムも買った」(빵을 사는 김에 잼도 샀다) 와 같이「前のことをする時、ちょうどいい機会なので、追加で〜もする」(앞의 일을 할 때에 마침 좋은 기회니까 〜도 같이 하다) 라는 의미.

38 「2 くせに」は逆接の表現で、相手に対する非難を表す。問題文は「自分が悪かったのに、他人のせいにするなんて…」という意味。

2 くせに is a contradictory conjunction, and it is used when conveying criticism towards the other person. In this particular sentence the speaker uses this expression to say 自分が悪かったのに、他人のせいにするなんて… (there's no way I can forgive him for blaming others when it's really his own fault)

第二选项「くせに」是逆接表现，表达对对方的责备。问题的意思是「自分が悪かったのに、他人のせいにするなんて…」(明明是自己不好，还要硬说是别人的过错…)

「2 くせに」는 역접의 표현으로 상대방에 대한 비난을 나타낸다. 문제는「自分が悪かったのに、他人のせいにするなんて…」(자기가 잘못했으면서 남의 탓을 하다니...) 라는 의미이다.

39 「2 (動詞ます形) 次第」で「〜 (し) たらすぐ〜 (する)」という意味。1は「(動詞て形) 以来」、3は「(動詞た形) とたん」、4は「(動詞辞書形) やいなや」の形で使う。

(2)〔動詞ます形〕次第 means 〜 (し) たらすぐ〜〔する〕(to do --- as soon as ---). The correct form of (1) is〔動詞て形〕以来, (3) is〔動詞た形〕とたん, and (4) is〔動詞辞書形〕やいなや.

第二选项「(動詞ます形) 次第」的意思是「〜 (し) たらすぐ〜 (する)」(做了〜之后，马上做〜) 第一选项以「(動詞て形) 以来」、第三选项以「(動詞た形) とたん」，而第四选项以「(動詞辞書形) やいなや」的形式使用。

「2 (動詞ます形) 次第」로「〜 (し) たらすぐ〜 (する)」(〜 [하] 면 바로 〜 [하] 다) 라는 의미이다. 1은「(動詞て形) 以来」、3은「(動詞た形) とたん」、4는「(動詞辞書形) やいなや」 의 형으로 사용된다.

40 「2 にしろ」はいくつか例を挙げて、「どちらの場合でも」という意味を表す。4も同様の意味だが、慣用的な表現でしか使わない。1、3はいくつか例を挙げるだけで、それ以上の意味はない。

(2) にしろ means どちらの場合でも in whichever case, and is used to introduce a series of choices. (4) also shares the same meaning, but it is only used in idiomatic expressions. (1) and (3) are only used to list examples, and contain no special meaning.

第二选项「にしろ」是举几个例子，表明「どちらの場合でも」(无论哪种情况都) 的意思。第四选项虽然表明同一个意思，但只在固定短语时使用。第一选项和第三选项只是举例子，没有更深层的意思。

「2 にしろ」는 몇 가지 예를 들어「どちらの場合でも」(어느 경우에나) 라는 의미를 나타낸다. 4도 같은 의미이지만, 이는 관용적인 표현으로밖에 쓰지 않는다. 1, 3은 몇 가지 예를 들 뿐, 그 이상의 의미는 없다.

41 「1 だけに」は「〜だから、普通の場合よりもっと」という意味。問題文は「優勝した (　　　)、うれしかった」という意味になり、空欄には理由を表す1が入る。

The expression だけに in answer (1) means 〜だから、普通の場合よりもっと (even more --- than usual because ---). The meaning of this sentence is 優勝した〔　〕、うれしかった (he won〔　〕、so he was really happy), and the expression だけに in (1) is inserted in the blank to indicate why he is so thrilled.

第一选项「だけに」的意思是「〜だから、普通の場合よりもっと」(因为〜，比一般的情况更加)。因为问题的意思是「優勝した (　　　)、うれしかった」，因此在空白处应填入表明理由的第一选项。

「1 だけに」는「〜だから、普通の場合よりもっと」(〜 그러므로, 보통의 경우보다 더) 라는 의미. 문제는「優勝した (　　　)、うれしかった」(우승했다 [　　]), 기뻤다) 라는 의미가 되므로 빈 칸에는 이유를 나타내는 1이 들어간다.

42 「1 たまらない」は「がまんできない、もういやだ」という気持ちを表す。選択肢の中で困るという意味を表すのは1だけ。

The word たまらない in (1) expresses the feeling I've had enough; I can't take anymore. (1) is the only answer that conveys the idea of being frustrated, thus it is correct.

第一选项「たまらない」表达的是「がまんできない、もういやだ」(没办法忍耐了，已经很讨厌了) 的情绪的意思。选项中表达很困扰的意思的只有第一选项。

「1 たまらない」는「がまんできない、もういやだ」(참을 수 없다, 이제는 싫다) 는 기분을 나타낸다. 선택지 가운데 곤란하다는 의미를 나타내는 것은 1뿐이다.

43 「ことになる」は「〜という結論である」という

意味。問題文の前半に「…だけでは」とあるので、文末は「ない形」か否定的な意味の言葉がくることがわかる。

The expression ことになる means 〜という結論である (it has been decided that ---; it can be concluded that ---). Because …だけでは is used in the first part of the sentence, you can assume that the end of the sentence will contain a ない形 or negative expression.

「ことになる」的意思是「〜という結論である」(结论是〜)。问题的前半部分有「…だけでは」存在，可以得知在句尾应跟有以否定形式表达否定含义的单词。

「ことになる」는「〜という結論である」(〜라는 결론이다) 라는 의미. 문제의 전반에「…だけでは」라고 나오므로, 문말은 ない형이나 부정적인 의미의 말이 온다는 것을 알 수 있다.

[44] 「〜としか〜ない」「〜ようがない」がそれぞれ決まった表現で、「〜としか〜ようがない」は「〜のほかにいい方法がない」という意味。

〜としか〜ない and 〜ようがない are both fixed expressions. 〜としか〜ようがない means 〜のほかにいい方法がない (there was no other way except to ---).

「〜としか〜ない」「〜ようがない」分别是固定短语，「〜としか〜ようがない」的意思是「〜のほかにいい方法がない」(除了〜，没有更好的办法)。

「〜としか〜ない」「〜ようがない」가 각각 정형 표현으로,「〜としか〜ようがない」는「〜のほかにいい方法がない」(〜외에 좋은 방법이 없다) 는 의미이다.

▶問題8　文の文法2（文の組み立て）……
Section 8　Sentential Grammar 2 (Sentence composition) ／
问题8　句子的语法2（句子的结构）／
문제 8　문장의 문법 2 (문장 만들기)

[45] 「事故は、急いでいた歩行者が、信号が変わるか変わらないかのうちにあわてて交差点を飛び出したことが原因だった」。「〜かないかのうちに」が決まった表現。「信号が」の次に「あわてて」は来ない。

事故は、急いでいた歩行者が、信号が変わるか変わらないかのうちにあわてて交差点を飛び出したことが原因だった (The accident was caused by a pedestrian in a hurry who rushed out into the intersection just as the light was changing). The underlined section in this sentence features the fixed expression 〜かないかのうちに. Grammatically it makes no sense for あわてて to follow 信号が.

「事故は、急いでいた歩行者が、信号が変わるか変わらないかのうちにあわてて交差点を飛び出したことが原因だった」(事故是因为走的很急的行人，在信号灯快要变化的时候，慌忙的窜出十字路口造成的。)「〜かないかのうちに」是固定短语。在「信号が」的后面不能跟有「あわてて」。

「事故は、急いでいた歩行者が、信号が変わるか変わらないかのうちにあわてて交差点を飛び出したことが原因だった」(사고는, 서두르던 보행자가 신호가 바뀔가 말까 할 때에 황급히 교차로로 뛰어 나간 것이 원인이었다).「〜かないかのうちに」가 정형 표현.「信号が」다음에「あわてて」는 오지 않는다.

[46] 「友達から借りた本は、とっくに返したつもりでいたが、まだ返してもらっていないと言われて驚いた」。「とっくに」の後は動詞た形、「つもりでいた」の前は普通形なので、「とっくに返したつもりでいた」と続く。

友達から借りた本は、とっくに返したつもりでいたが、まだ返してもらっていないと言われて驚いた (I could have sworn I had returned the book my friend had lent me, so I was surprised to hear him say I hadn't given it back yet). とっくに is followed by 動詞た形. Because つもりでいた is preceded by a plain form, it is followed by とっくに返したつもりでいた.

「友達から借りた本は、とっくに返したつもりでいたが、まだ返してもらっていないと言われて驚いた」(从朋友那边借来的书，记得早就已经还了，可是被说还没有还，吃了一惊)。「とっくに」的后面直接有动词过去式，因为「つもりでいた」前面接有普通型，所以接有「とっくに返したつもりでいた」。

「友達から借りた本は、とっくに返したつもりでいたが、まだ返してもらっていないと言われて驚いた」(친구한테 빌린 책은 벌써 돌려줬다고 생각했는데, 아직 돌려주지 않았다고 해서 놀랐다).「とっくに」다음에는 동사 た형,「つもりでいた」앞에는 보통형이므로,「とっくに返したつもりでいた」와 같이 이어진다.

[47] 「そんなこともわからないようでは大学生とは言えないと思わずにはいられなかった」。「よう」の前は普通形がくる。「〜とは言えない」「〜ずにはいられない」が決まった言い方。

そんなこともわからないようでは大学生とは言えないと思わずにはいられなかった (I just couldn't help but wonder how he could be a college student when he didn't even know something like that). よう is preceded by a plain form, while 〜とは言えない and 〜ずにはいられない are both fixed expressions.

「そんなこともわからないようでは大学生とは言えないと思わずにはいられなかった」(连这种事情都不知道，真的不得不认为算不上是一个大学生)。「よう」的前面为原形，「〜とは言えない」「〜ずにはいられない」是固定短语。

「そんなこともわからないようでは大学生とは言えないと思わずにはいられなかった」(그런 것도 모르는 것 같으면 대학생이라고는 할 수 없다고 생각하지 않을 수 없었다).「よう」앞에는 보통형이 온다.「〜とは言えない」「〜ずにはいられない」가 정형 표현이다.

[48] 「一度はあきらめたが、まだ可能性はあるような気がしてならなかったので、もう一度やってみることにした」。「可能性は」の後に続けられる語は選択肢の中では『3 ある』だけ。「ような」の前は普通形、「〜てならない」が決まった言い方。

一度はあきらめたが、まだ可能性はあるような気がしてならなかったので、もう一度やってみることにした (Though I had initially given up, I still felt there was a chance so I decided to go ahead and give it another try). The only word that can follow 可能性は is (3) ある. ような is preceded by a plain form, and 〜てならない is a fixed expression.

「一度はあきらめたが、まだ可能性はあるような気がしてなら

なかったので、もう一度やってみることにした」(虽然曾经一度放弃了，但因为总觉得可能性还是存在的，还是决定再试一次)。「可能性は」的后面可以跟有的词语只有选项中的第三选项「ある」。「ような」的前面跟有原形，「〜てならない」是固定短语。

「一度はあきらめたが、まだ可能性はあるような気がしてならなかったので、もう一度やってみることにした」(한번 포기했지만, 아직 가능성은 있는 듯한 기분이 자꾸 들었기 때문에, 한번 더 해 보기로 했다)。「可能性は」뒤에 올 수 있는 말은 선택지 가운데에서는 「3 ある」뿐이다.「ような」의 앞에는 보통형,「〜てならない」가 정형 표현.

49 「お顔は何度もテレビで拝見して存じ上げてはおりましたが、お目にかかるのは今度がはじめてです」。「テレビで」の後には「拝見して」がくる。問題文後半「の」の前は普通形なので、「お目にかかるのは」となる。「存じ上げておりました」は「知っていました」という意味。

お顔は何度もテレビで拝見して存じ上げてはおりましたが、お目にかかるのは今度がはじめてです (Though I recognize you because I have seen your face on television on numerous occasions, this is the first time that I have had the privilege of meeting you in person). 拝見して comes after テレビで, and because the の in the latter part of the sentence must be preceded by a plain form, the expression formed is お目にかかるのは. 存じ上げておりました is the formal equivalent of 知っていました.

「お顔は何度もテレビで拝見して存じ上げてはおりましたが、お目にかかるのは今度がはじめてです」(虽然很多次在电视上看到过您而记住您,但是这次还是初次见到您本人)。「テレビで」后面跟有「拝見して」。因为问题的后半段「の」的前面应为原形,所以「お目にかかるのは」。「存じ上げておりました」的意思是「知っていました」。

「お顔は何度もテレビで拝見して存じ上げてはおりましたが、お目にかかるのは今度がはじめてです」(얼굴은 여러 번 텔레비전에서 봐서 알고 있었습니다만, 직접 뵙는 것은 이번이 처음입니다)。「テレビで」다음에는「拝見して」가 온다. 문제 후반의「の」앞에는 보통형이므로「お目にかかるのは」가 된다.「存じ上げておりました」는「知っていました」라는 의미이다.

▶問題9 文章の文法

Section 9 Text Grammar ／問題9 文章的语法／
문제9 글의 문법

50 筆者は「本を書くのが私の職業」と述べているので、問題文「仕事のために必要な本を読むことも」の後は「多い」という意味になるはずである。選択肢の中で「多い」という意味になるのは4だけ。

The author states 本を書くのが私の職業, so we can assume that 多い is the meaning of the word that follows the phrase 仕事のために必要な本を読むことも in this question. Thus the correct answer is (4), because it is the only choice that means 多い.

因为作者叙述的是「本を書くのが私の職業」,所以问题「仕事のために必要な本を読むことも」的后面应该跟有表示含有「多

い」的意思。而选项中表示「多い」的意思的只有第四选项。

필자는「本を書くのが私の職業」라고 하고 있으므로, 문제의「仕事のために必要な本を読むことも」뒤에는「多い」라는 의미가 될 것이다. 선택지 가운데에서「多い」라는 의미가 되는 것은 4뿐이다.

51 本を読むと、「作者の人柄や考え方にふれる喜び」(5行目)があるので、問題文は「だれかの頭や心の中を見る(知る)」という意味になる。選択肢の中でこの意味になるのは3だけ。

The author claims reading books enables people to experience the 作者の人柄や考え方にふれる喜び (line 5), so the meaning of the sentence here is だれかの頭や心の中を見る〔知る〕.(reading a book enables you to see〔know〕what lies within the mind and heart of someone else). The only answer that conveys the same meaning is (3).

读书的话, 在第五行中有「作者の人柄や考え方にふれる喜び」, 所以问题的意思是「だれかの頭や心の中を見る(知る)」(可以看到 [知道] 人的头脑和心中)。而选项中表达这个意思的只有第三选项。

책을 읽으면「作者の人柄や考え方にふれる喜び」(다섯째 줄)가 있으므로, 문제는「だれかの頭や心の中を見る(知る)」(누군가의 머리나 마음 속을 보다 [알다]) 라는 의미가 된다. 선택지 가운데서 이러한 의미가 되는 것은 3뿐이다.

52 本を読むと、「作者の人柄や考え方にふれる喜び」(5行目)があるため、第二段落「親友を…得たような気分になります」という文脈なので、空欄には理由を表す言葉が入る。選択肢の中で理由を表すのは3だけ。

The context introduced in the second paragraph states 親友を…得たような気分になります. Because the author claims reading books enables people to experience the 作者の人柄や考え方にふれる喜び (line 5), it is clear that an expression which conveys the reason must be inserted in the blank. Answer (3) is the only choice that refers to the reason, so it is correct.

读书的话, 在第五行中有「作者の人柄や考え方にふれる喜び」, 而因为第二段的文脉是「親友を…得たような気分になります」, 所以在空白处应该填入表达理由的词语。选项中表达理由的只有第三选项。

책을 읽으면「作者の人柄や考え方にふれる喜び」(다섯째 줄)가 있어서 두번째 단락에「親友を…得たような気分になります」라는 문맥이므로, 빈 칸에는 이유를 나타내는 말이 들어간다. 선택지 가운데 이유를 나타내는 것은 3뿐이다.

53 問題文は「本がふえる(　　)…たまってゆく」と、空欄の前後に変化を表す言葉がある。選択肢の中で、前後に変化を表す言葉が来るのは1だけ。

The sentence for this question is 本がふえる(　　)…たまってゆく, in which the blank is both preceded and followed by words that convey the idea of change. The only answer that fits this context is (1).

问题是「本がふえる(　　)…たまってゆく」,所以空白处

的前后应该有表示变化的词语。而选项中表示变化的只有第一选项。

문제 문에는「本がふえる（　）…たまってゆく」와 같이 빈 칸의 전후에 변화를 나타내는 말이 있다. 선택지 가운데서 전후에 변화를 나타내는 말이 오는 것은 1뿐이다.

54 問題文は「文章を（書くという目的を達成するためには）、…誠実さが必要」という意味である。選択肢の中で目的を表すのは2だけなので2が正しい。

The meaning of the sentence here is 文章を〔書くという目的を達成するためには〕、誠実さが必要 (having dedication is an important part of writing〔achieving one's goal of becoming a good writer〕). The only answer that indicates the goal is (2), thus it is correct.

问题的意思是「文章を（書くという目的を達成するためには）、…誠実さが必要」(将文章［要完成写的目的的话］…诚实很重要)。因为选项中表明目的只有第二选项，所以第二选项是正确答案。

문제 문은「文章を（書くという目的を達成するためには）、…誠実さが必要」(문장을 [쓴다고 하는 목적을 달성하기 위해서는], ... 성실함이 필요) 하다는 의미이다. 선택지 가운데 목적을 나타내는 것은 2뿐이므로 2가 맞다.

第2回 読解
Reading Comprehension ／阅读理解／독해

▶問題10　内容理解（短文）
Section 10 Comprehension (short passages) ／
问题10 内容理解（短篇文章）／문제10 내용이해 (단문)

55 校長先生には、未来は明るくないという思いがあり（第二段落の始め）、先生たちが遅くまで残ることについて、第一段落の最後で「貴重だ」と述べているので、正解は2。1は「早く帰った方がいい」、3は「心配はいらない」という部分が正しくない。4は20年後、30年後のために今から熱心な先生が必要になるので、正しくない。

Though the school principal feels that the future outlook is less than bright (beginning of the second paragraph), at the end of the first paragraph he says teachers that stay late because they are passionate about their work is truly 貴重だ, thus the best answer is (2). The principal does not say (1) 早く帰った方がいい or (3) 心配はいらない, so each is incorrect. (4) is misleading, but because it states that passionate teachers are needed now to help lay the foundation for 20 to 30 years in the future, it is also incorrect.

(在第二段的开始) 校长认为未来并不很光明，而针对老师加班到很晚这点，在第一段的最后因为叙述了「貴重だ」，所以正确答案是第二选项。而第一选项的「早く帰った方がいい」，和第三选项的「心配はいらない」这部分不正确。第四选项因为是说为了20年后，30年后而现在开始这些热心的老师是不得缺少的，所以并不不正确。

교장 선생님에게는 미래는 밝지 않다고 하는 생각이 있고 (두

번째 단락 처음), 선생님들이 늦게까지 남는 일에 대해서 첫 단락의 마지막에「貴重だ」라고 서술하고 있으므로, 정답은 2. 1은「早く帰った方がいい」, 3은「心配はいらない」라는 부분이 맞지 않다. 4는 20년 후, 30년 후를 위하여 지금부터 열심인 선생님이 필요하므로 틀렸다.

56 3行目に「自分のことに一生懸命になればなるだけ、その分、他人に対する無関心は高まっていく」とある。「自分のことでいっぱい」は自分のことに一生懸命になりすぎること、「まわりに関心を持つ余裕がない」はまわりに無関心と言い換えられるので4が正解。

Line 3 states 自分のことに一生懸命になればなるだけ、その分、他人に対する無関心は高まっていく. The correct answer is (4) because it provides a paraphrased version of this thought. 自分のことでいっぱい means that people become too intent and focused on themselves, while まわりに関心を持つ余裕がない describes people's indifference to those around them.

在第三行中有「自分のことに一生懸命になればなるだけ、その分、他人に対する無関心は高まっていく」一句。而因为「自分のことでいっぱい」的意思是，为了自己的事情而拼命，而又因为「まわりに関心を持つ余裕がない」可以和，对周围并不关心相替换，所以第四选项是正确答案。

세째 줄에「自分のことに一生懸命になればなるだけ、その分、他人に対する無関心は高まっていく」라고 나온다.「自分のことでいっぱい」는 자기 일에 너무 열중하는 것,「まわりに関心を持つ余裕がない」는 주위에 무관심하다고 바꿔 말할 수 있으므로 4가 정답이다.

57 「要するに」は「そこまでに述べたことをまとめると」という意味。問題文の前に「私はその犬が好きになれなかったし、犬の方も私のことが好きではなかった」とあるので、正解は3。

要するに is a phrase that is used そこまでに述べたことをまとめると (to sum up everything that has been said; to make a conclusion). In the previous sentence the author states 私はその犬が好きになれなかったし、犬の方も私のことが好きではなかった, so the correct answer is (3).

「要するに」的意思是「そこまでに述べたことをまとめると」(将以上所叙述的总结起来说的话)。因为问题的前面有「私はその犬が好きになれなかったし、犬の方も私のことが好きではなかった」，所以正确答案是第三选项。

「要するに」는「そこまでに述べたことをまとめると」(지금까지 말한 것을 정리하면) 이라는 의미. 문제 문의 앞에「私はその犬が好きになれなかったし、犬の方も私のことが好きではなかった」라고 있으므로 정답은 3.

58 筆者は5行目で「料理を食べてみもせず、私の話を聞いてもくれない態度にがっかりしました」、最後の文で「期待を裏切らない対応…をお願いしたい」と、くり返し対応の悪さ（誠意がないこと）について述べている。したがって、3が正しい。

In this letter the author describes the poor (insincere) service he/she received at the new restaurant, stating in line 5 that 料理を食べてみもせず、私の話を聞いてもくれない態度にがっかりしました, and concluding the letter with 期待を裏切らない対応…をお願いしたい. Given these two points, the correct answer is (3).

作者在第五行中写有「料理を食べてみもせず、私の話を聞いてもくれない態度にがっかりしました」、而和最后一句「期待を裏切らない対応…をお願いしたい」来反复叙述饭店服务人员的态度恶劣（没有诚意）。因此，第三选项是正确答案。

필자는 다섯째 줄에서「料理を食べてみもせず、私の話を聞いてもくれない態度にがっかりしました」, 마지막 줄에서「期待を裏切らない対応…をお願いしたい」라고, 반복하여 대응이 나쁘다는 것(성의가 없는 것)에 대하여 말하고 있다. 따라서, 3 이 맞다.

59 指示語が指す内容は前の文にあることが多い。ここでは「何を中心に見るかいろいろ試してみる」の部分を指している。これは視点を変えて、見え方を試してみることなので、正解は4。

Reference terms often indicate information that was mentioned in the preceding sentences. In this passage, the underlined phrase refers to the previous sentence 何を中心に見るかいろいろ試してみる. The author says that it is important to change one's perspective and try to look at things from a number of different angles, so the best answer is (4).

指示词通常是指前边的句子的情况居多。在这里指的是「何を中心に見るかいろいろ試してみる」这一部分。而因为是从改变视点来试着改变看法，所以正确答案是第四选项。

지시어가 가리키는 내용은 앞의 문에 있는 경우가 많다. 여기서는「何を中心に見るかいろいろ試してみる」의 부분을 가리키고 있다. 이는 시점을 바꾸어 어떻게 보이는지 시도해 보는 것이므로, 정답은 4.

▶問題11 内容理解（中文）

Section 11 Comprehension (mid-size passages) /
问题11 内容理解（中篇文章）/ 문제11 내용이해（중문）

60 下線部①の文は「脳を「だまして」、やる気を起こさせる」で、そのための4つの方法（体を動かす、いつもと違うことをするなど）が第二段落以降で述べられている。これらの方法は全て脳が飽きないように刺激を与えることなので、正解は2。

The underlined phrase (1) introduces the concept of 脳を「だまして」、やる気を起こさせる, and beginning in the second paragraph, the author describes four different methods to accomplish this (exercise, try something new and different, etc.). These four methods continually stimulate the mind and prevent it from lapsing into boredom. Of the four choices given, the answer that best conveys this point is (2).

划线部分①的句中有「脳を「だまして」、やる気を起こさせる」，因此四种方法（活动身体，做与平常不同的事等等）都在第二段以后叙述。因为这些方法全部都是为使脑子不厌倦而加以刺激，所以正确答案是第二选项。

밑 줄 부분 ①의 문은「脳を「だまして」、やる気を起こさせる」로, 그러기 위한 네 가지 방법 (몸을 움직인다, 평소와 다른 일을 한다 등) 이 두번째 단락 이후에 나와 있다. 이들 방법은 모두 뇌가 싫증나지 않도록 자극을 주는 일이므로 정답은 2.

61 第三段落に「2つ目はいつもと違うことをすることです」とある。選択肢3の「学校へ行くときに通る道を変えてみる」は、いつもとは違う道を通ることなので、正解は3。

At the beginning of the third paragraph the author introduces the second method: 2つ目はいつもと違うことをすることです. Looking at the choices given, answer (3) states 学校へ行くときに通る道を変えてみる, meaning that one should try taking a different route to school. Thus, the correct answer is (3).

第三段中有「2つ目はいつもと違うことをすることです」一句。因为第三选项「学校へ行くときに通る道を変えてみる」是走了和每次走的路不同的路，因此正确答案是第三选项。

세번째 단락에「2つ目はいつもと違うことをすることです」라고 나온다. 선택지 3의「学校へ行くときに通る道を変えてみる」는 평소와는 다른 길을 지나는 일이므로 정답은 3.

62 一般的に「それ」「そのような」などの指示語の指す内容は、すぐ前の文にあることが多い。しかし、この場合の指示語は「この変化」ではなく「これらの変化」で、複数の変化を指している。すぐ前の文には変化が一つしか書かれていないので、第二段落、第三段落の両方の変化に注目する必要がある。選択肢2～4は一つの変化にしか触れていないので、1が正解。

Most often reference terms such as それ and そのような indicate information that was stated in the sentence that directly precedes them. However, in this passage the reference term is not この変化 but rather これらの変化, indicating that there are a number of changes occurring. Only one change is described in the sentence before, so make sure to pay attention to the various changes mentioned in both the second and third paragraphs. Answers (2) through (4) each describe a single change, so the correct answer is (1).

一般，「それ」「そのような」等指示词所指的内容一般紧接着的前一句的情况较多。但是，在这里指示词不是「この変化」而是「これらの変化」，所以指的是多项的变化。因为紧接着的前面的一句的变化只写了一个，所以第二段和第三段也应加以留意。第二选项到第四选项中因为只提到一个变化，所以正确答案是第一选项。

일반적으로「それ」「そのような」등의 지시어가 가리키는 내용은 바로 앞의 문에 있는 경우가 많다. 그러나, 이 경우의 지시어는「この変化」가 아니라「これらの変化」로, 복수의 변화를 가리키고 있다. 바로 앞의 문에는 변화가 하나밖에 나와 있지 않으므로, 두번째 단락과 세번째 단락의 변화에도 주목할 필요가 있다. 선택지 2～4 는 하나의 변화만 언급하고 있으므로 1이 정답이다.

63 第四段落の最後に「都市でも…活動が広がり、都市と農山村の新しい結びつきも生まれて

きた」とある。そして、最後の段落で「(このようなう動きが) 社会の価値観を変えていった」と結んでいる。したがって、正解は3。

The end of the fourth paragraph states 都市でも…活動が広がり、都市と農山村の新しい結びつきも生まれてきた. This thought leads into the first sentence of the final paragraph, (このような動きが) 社会の価値観を変えていった, thus the best answer is (3).

在第四段最后写有「都市でも…活動が広がり、都市と農山村の新しい結びつきも生まれてきた」。而且, 在最后一段连接有「(このような動きが) 社会の価値観を変えていった」, 因此正确答案是第三选项。

네번째 단락 마지막에「都市でも…活動が広がり、都市と農山村の新しい結びつきも生まれてきた」라고 나와 있다. 그리고 마지막 단락에서「(このような動きが) 社会の価値観を変えていった」라고 매듭짓고 있다. 따라서 정답은 3.

[64] 第三段落に悩まされてきた理由がある。第三段落の1行目に「足に靴を合わせるのではなく、…靴に足を合わせてきた。…痛くならない靴などないのだと、あきらめていた」とあるので、正解は3。「靴に足を合わせる」というのは、サイズが合わなくても、無理やり履くこと。

The third paragraph describes why the author has always had trouble with shoes. In the first line of the same paragraph she states 足に靴を合わせるのではなく、…靴に足を合わせてきた。…痛くならない靴などないのだと、あきらめていた, thus the correct answer is (3). The phrase 靴に足を合わせる means that she always tried to force her feet into shoes, even if the size did not fit.

在第三段中写导致烦恼的理由。而又因为第三段第一行中有「足に靴を合わせるのではなく、…靴に足を合わせてきた。…痛くならない靴などないのだと、あきらめていた」, 所以正确答案是第三选项。「靴に足を合わせる」的意思是, 号码不合适, 逞强穿着。

세번째 단락에 고심한 이유가 있다. 세번째 단락 첫 줄에「足に靴を合わせるのではなく、…靴に足を合わせてきた。…痛くならない靴などないのだと、あきらめていた」라고 있으므로 정답은 3이다.「靴に足を合わせる」라는 것은 사이즈가 맞지 않아도 억지로 신는 것.

[65] 下線部の前と後ろで、靴屋は筆者の足にさわって「腰まで痛かったでしょう」と言っているので、下線部は足の痛みについて「大変だ」と言っていることがわかる。したがって、正解は2。

In the sentences before and after the underlined section, the shoes salesman touches the author's feet and says 腰まで痛かったでしょう, making it clear that 大変だ in the underlined section refers to the pain in her feet she had endured for so many years. Thus, the correct answer is (2).

下划线的前后写有, 因为在鞋店, 一触碰作者的脚就说「腰まで痛かったでしょう」, 所以可以得知针对下划线部分的脚的疼痛时说「大変だ」。因此正确答案是第二选项。

밑줄 부분 앞뒤를 보면, 구두 가게에서는 필자의 발을 만져 보고「腰まで痛かったでしょう」라고 말하고 있으므로, 밑줄 부분은 발이 아픈 것에 대해서「大変だ」라고 말하고 있음을 알 수 있다. 따라서 정답은 2.

[66] 本文は、長年ちょうどいいサイズの靴がなくて困っていたが、自分の悩みを解決してくれる靴屋に出会い、喜んでいるという内容である。1, 2は喜んでいる表現としてふさわしくない。3は初対面の靴屋になつかしさを覚えるのは変である。したがって、4が正解。

While the author primarily focuses on the trouble she had over the years trying to find shoes that fit her feet, she also describes how happy she was to meet the shoes salesman that finally solved her dilemma. Answers (1) and (2) are both inappropriate ways to convey her joy or delight. (3) does not work because it would be strange for her to say that even when she met the shoes salesman for the first time, his smiling face made her feel a sense of nostalgia. Thus, the most appropriate answer is (4).

这篇文章的内容是, 很多年都没有找到合适号码的鞋而苦恼, 但是遇到了可以解决自己烦恼的鞋店, 而很高兴。第一选项和第二选项作为很高兴的表达并不合适, 并且因为第三选项说的是对初次去的鞋店有很熟悉的感觉所以不正确。因此正确答案是第四选项。

본문은 오랫동안 딱 맞는 사이즈의 구두가 없어서 곤란했지만, 자기 고민을 해결해 줄 구두 가게를 만나서 기뻐한다는 내용이다. 1, 2는 기뻐하고 있는 표현으로서 어울리지 않는다. 3은 처음 간 구두 가게가 그립다고 느끼는 것은 이상하다. 따라서 4가 정답이다.

▶問題 12 統合理解
Section 12 Integrated Comprehension／
问题 12 综合理解／문제 12 통합이해

[67] Aの3行目に「前は、平日だけ開いていたのが、先月から第二、第四土曜日も開館になり、…開館した土曜の次の月曜日は休館になりました」とある。つまり、開館日は増えていない。また、Bの6行目に「平日の開館時間は…9時から6時までなのに、土曜日は…9時から3時まで」とあり、開館時間が土曜日の3時間分短くなったことがわかる。

A states in line 3 that 前は、平日だけ開いていたのが、先月から第二、第四土曜日も開館になり、…開館した土曜の次の月曜日は休館になりました. Essentially, this user is saying that the number of days the library is open has not increased. B says 平日の開館時間に…9時から6時までなのに、土曜日は…9時から3時まで, indicating that the library is open three hours less on Saturdays. Given these hints, the correct answer is (3).

在A的第三行中有「前は、平日だけ開いていたのが、先月から第二、第四土曜日も開館になり、…開館した土曜の次の月曜日は休館になりました」一句。因此, 开馆的日期并没有增加。另外从B的第六行「平日の開館時間は…9時から6時までなのに、土曜日は…9時から3時まで」一句中, 可以得知周六的开馆时间缩短了3小时。

35

Aの三番目の줄에「前は、平日だけ開いていたのが、先月から第二、第四土曜日も開館になり、…開館した土曜の次の月曜日は休館になりました」라고 나와 있다. 즉, 개관일은 늘지 않았다. 또 B의 여섯째 줄에「平日の開館時間は…9時から6時までなのに、土曜日は…9時から3時まで」라고 있으므로, 개관 시간이 토요일은 세 시간 짧아진 것을 알 수 있다.

68 Aは7行目に「土曜日は…席が取れないこともあります。…もう一度開館日を考え直していただけませんか」とあり、以前のほうがよかったと思っていることがわかる。Bは4行目に「週末の楽しみが一つ増えました」とあり、開館日の変更を歓迎している。したがって、正解は3。

A states in line 7 that 土曜日は…席が取れないこともあります。…もう一度開館日を考え直していただけませんか, making it clear that he/she prefers the old system. However, B claims in line 4 that 週末の楽しみが一つ増えました, indicating that he/she is happy the library is now open on the second and fourth Saturdays of the month. The answer that most accurately represents the opinion of each is (3).

从A的第七行「土曜日は…席が取れないこともあります。…もう一度開館日を考え直していただけませんか」一句，可以得知认为以前更好。而从B的第四行「週末の楽しみが一つ増えました」一句中可以得知，很欢迎开馆日的变更。因此正确答案是第三选项。

A는 일곱째 줄에「土曜日は…席が取れないこともあります。…もう一度開館日を考え直していただけませんか」라고 있으므로, 이전이 좋았다고 생각하고 있음을 알 수 있다. B는 네째 줄에「週末の楽しみが一つ増えました」라고 있으므로 개관일 변경을 환영하고 있다. 따라서 정답은 3.

▶問題13 主張理解（長文）
Section 13 Thematic Comprehension (long passages) /
问题13 主张理解（长篇文章）/ 문제13 주장이해(장문)

69 下線部の前に「人手が足りないといって、…ほかの国に労働力を求めるようになった」、下線部の後に「日本の失業率が5％になった」とある。下線部はこの労働力が足りないのに失業率が上がったことを指すので、正解は4。

The sentence preceding the underlined section states 人手が足りないといって、…ほかの国に労働力を求めるようになった, while the following sentence mentions that 日本の失業率が5％になった. Thus, it is clear that the underlined section indicates the strange phenomenon of higher unemployment in the face of a labor shortage, so the correct answer is (4).

下划线的前面为「人手が足りないといって、…ほかの国に労働力を求めるようになった」，而后面是「日本の失業率が5％になった」。因为下划线部分指的是因为劳动力不足而是失业率上升，所以正确答案是第四选项。

밑줄 부분 앞에「人手が足りないといって、…ほかの国に労働力を求めるようになった」, 밑줄 부분 뒤에「日本の失業率が5％になった」라고 나와 있다. 밑줄 부분은 노동력이 부족한데도 실업률이 오른 것을 가리키므로, 정답은 4.

70 第三段落で「六本木あたりの外資系の仕事」につくのが「自分らしい」のだと答える青年がいた」、第四段落の2行目に「理想の職業…のイメージが「自分らしい」ということになるらしい」とある。文中の若者たちは、理想の仕事が自分らしさにつながると考えているので正解は2。

The third paragraph states 「六本木あたりの外資系の仕事」につくのが「自分らしい」のだと答える青年がいた, and in the second line of the fourth paragraph the author states 理想の職業…のイメージが「自分らしい」ということになるらしい. The young people described in this passage believe that the ideal job brings out their individuality, so the correct answer is (2).

在第三段中有「六本木あたりの外資系の仕事」につくのが「自分らしい」のだと答える青年がいた」、第四段第二行中有「理想の職業…のイメージが「自分らしい」ということになるらしい」一句。因为文中说年轻人认为理想的工作与自己的个性紧密相连，所以正确答案是第二选项。

세째 단락에서「六本木あたりの外資系の仕事」につくのが「自分らしい」のだと答える青年がいた」, 네째 단락 둘째 줄에「理想の職業…のイメージが「自分らしい」ということになるらしい」라고 나와 있다. 이 글의 젊은이들은 이상적인 일이 자기 자신다운 것이라고 여기고 있으므로 정답은 2.

71 筆者の主張は最後の段落にあるのが一般的である。最後の段落の3行目に「イメージより、現実の世界で自立すること。そこで、…本当の「自分らしさ」がみえてくる」とあるので、これと同じ内容を表している2が正しい。

Generally, the main point the author seeks to make can be found in the last paragraph. In line 3 of the final paragraph the author writes イメージより、現実の世界で自立すること。そこで、…本当の「自分らしさ」がみえてくる. Answer (2) expresses the same thought, so it is correct.

作者主张一般在写在最后一段。因为最后一段的第三行中有「イメージより、現実の世界で自立すること。そこで、…本当の「自分らしさ」がみえてくる」一句，所以与之内容相同的第二选项是正确答案。

필자의 주장은 마지막 단락에 있는 것이 일반적이다. 마지막 단락 세째 줄에「イメージより、現実の世界で自立すること。そこで、…本当の「自分らしさ」がみえてくる」와 같이 나와 있으므로, 이와 같은 내용을 나타내는 2가 맞다.

▶ 問題14 情報検索
Section 14 Information Retrieval ／問題14 情報检索／
문제 14 정보검색

[72] 【応募資格】の2つ目に「…ふじやま市に通勤・通学している外国人」とあるので、日本国籍の1は出られない。3つ目に「日本滞在期間が5年以内の方」とあるので、7年前に来日した3も出られない。【テーマ】の「*」に、「自国の内容のみのスピーチは受け付けません」とあるので、「4 フランスの歴史」もだめである。したがって、2が正解。

The second 応募資格 (application requirement) listed is … ふじやま市に通勤・通学している外国人, so the Japanese student described in answer (1) is ineligible to enter. The third requirement is 日本滞在期間が5年以内の方, thus the Italian housewife mentioned in (3) is also ineligible because she has lived in Japan for seven years. The (*) listed in the section describing the テーマ (theme, topic) states 自国の内容のみのスピーチは受け付けません, so the French teacher in (4) would be unable to speak about フランスの歴史. Thus, the correct answer is (2).

【応募資格】(报名资格) 的第二项有「…ふじやま市に通勤・通学している外国人」,因此含有日本国籍的1不能参加。而第三项有「日本滞在期間が5年以内の方」,所以7年前来日本的3夜不能参加。而因为【テーマ】(题目) 的「*」是「自国の内容のみのスピーチは受け付けません」,所以「4 フランスの歴史」也不行。因此正确答案是第二选项。

【応募資格】(응모 자격) 의 두 번째에「…ふじやま市に通勤・通学している外国人」이라고 나와 있으므로 일본 국적의 1은 나갈 수 없다. 세번째에「日本滞在期間が5年以内の方」라고 되어 있으므로 7년 전에 일본에 온 3도 나갈 수 없다.【テーマ】(주제) 의「*」에「自国の内容のみのスピーチは受け付けません」이라고 나와 있으므로「4 フランスの歴史」도 안 된다. 따라서 2가 정답.

[73] 1次審査に通った者は【応募方法】の「◎2次審査」を見なければならない。「2分程度の録画を…郵送してください」とあり、【応募期限】は2次審査は「10月1日」なので、正解は3。

Individuals that pass the first screening described in the 応募方法 (application procedure) section must refer to the information about the ◎2次審査 (second screening). Applicants that pass the first are to 2分程度の録画を…郵送してください by the 応募期限 (application deadline), which is 10月1日, so the correct answer is (3).

通过初选的人应该看【応募方法】(报名方法) 的「◎2次審査」(二次审查)。因为有「2分程度の録画を…郵送してください」,又因为【応募期限】(报名期限) 是二次审查的「10月1日」,所以正确答案是第三选项。

1차 심사에 통과한 사람은【応募方法】(응모 방법) 의「◎2次審査」(2차 심사) 를 봐야 한다.「2分程度の録画を…郵送してください」라고 나와 있고,【応募期限】(응모 기한) 은 2차 심사는「10月1日」이므로, 정답은 3이다.

第2回 聴解
Listening ／听解／청해

▶ 問題1 課題理解
Section 1 Task-based Comprehension ／
問題1 問題理解／문제1 과제이해

[1] 男の人は、今、ネクタイとスーツを着ているが、着替えたいと思っている。「スニーカーに合う、パンツとジャケットなら靴は革靴じゃなくてもいいんじゃないの?」という女の人の意見に納得しているので、正解は2。

スニーカー (sneakers), ジャケット (jacket), 革靴 (leather shoes).
The male student is currently wearing a suit and tie, but he tells his friend that he wants to change his clothes. She suggests スニーカーに合う、パンツとジャケットなら靴は革靴じゃなくてもいいんじゃないの?. He decides to go along with her idea, so the best answer is (2).

「スニーカー」(旅游鞋),「ジャケット」(外套),「革靴」(皮鞋)。
男人虽然戴着领带穿着西装,却想要换衣服。因为他同意女人的「スニーカーに合う、パンツとジャケットなら靴は革靴じゃなくてもいいんじゃないの」这个意见,所以答案是2。

「スニーカー」(운동화),「ジャケット」(자켓),「革靴」(가죽 구두).
남자는 지금 넥타이와 양복을 입고 있지만 갈아입고 싶어한다.「スニーカーに合う、パンツとジャケットなら靴は革靴じゃなくてもいいんじゃないの?」라는 여자의 의견에 동의하고 있으므로 정답은 2.

[2] 両膝を折ってひざまずく(選択肢1と2)➡両手と頭を床につける(選択肢1と2)➡頭は床につけたままで、両手を天井に向けて持ち上げる(選択肢1)。

First they bend their knees and kneel down (選択肢1と2). Next they place their heads and both hands on the floor (選択肢1と2). Lastly, with their heads still resting on the floor, they turn both hands so that they face the ceiling, and then raise them (選択肢1).

弯曲两腿跪在地上 (選択肢1と2) →将两手和头靠在地板上 (選択肢1と2) →头保持靠在地板上,将两手向着天花板抬起 (選択肢1)。

양무릎을 접고 무릎을 꿇는다 (選択肢1と2) →양손과 머리를 바닥에 붙인다 (選択肢1と2) →머리는 바닥에 붙인 채, 양손을 천정을 향해 들어올린다 (選択肢1).

[3] 男の人は、報告書より「こっち(=見積書)を先にやって」と指示している。女の人も了解したが、「じゃ、報告書はあと2、30分で一段落しますから、それからかかるようにします」と言っているので、まず報告書を2、30分書い

てから、見積書を作ることが分かる。ここで「かかる」とは、「作業を始める」という意味。

見積書 (estimate sheet)、一段落 (to pause, to put on hold)
The man tells the woman that he wants her to こっち(＝見積書) を先にやって before taking care of the report. She tells him that she understands, but says じゃ、報告書はあと2、30分で一段落しますから、それからかかるようにします, indicating that first she is going to work on the report for 20 to 30 minutes, and then begin preparing the estimate sheet. In this conversation, the word かかる means 作業を始める (to start work).

「見積書」(估价表)，「一段落」(告一段落)。
男人让女人不要先写报告，让她「こっち(＝見積書)を先にやって」。女人虽然也答应了，但是说「じゃ、報告書はあと2、30分で一段落しますから、それからかかるようにします」，所以知道先写2、30分钟的报告之后再做估价表。这里的「かかる」意思是「作業を始める」(开始工作)。

「見積書」(견적서)，「一段落」(일단락)。
남자는 보고서를 통해「こっち(＝見積書)を先にやって」라고 지시하고 있다. 여자도 동의는 했으나「じゃ、報告書はあと2、30分で一段落しますから、それからかかるようにします」라고 하고 있으므로 먼저 보고서를 2、30분 쓰고 나서 견적서를 만드는 것을 알 수 있다. 여기에서「かかる」란「作業を始める」(작업을 시작하다)의 의미.

4 クレジットカード会社の電話案内。各選択肢に出てくる単語の中に分からない語があっても、推測しながら聞こう。

盗難 (theft)、暗証番号 (security code, pass code, PIN)、支払い (payment).
This is the telephone directory assistance service for a credit card company. Don't worry about words you might not understand in the answer selections, but rather focus on deriving the answer from the context. The correct answer in this instance is (4).

「盗難」(失窃)，「暗証番号」(密码)，「支払い」(付款)。
这题的内容是关于信用卡公司的电话向导。即使选项中有不明白的单词，也推测边听。

「盗難」(도난)，「暗証番号」(비밀번호)，「支払い」(지불)。
신용카드회사의 전화 안내. 각 선택지에 나오는 단어 중에 모르는 단어가 있더라도 추측해가며 듣도록 하자.

5 これからチラシをプリントアウトして先生の研究室に持っていくので、正解は2。公開講座を手伝ってくれるボランティアの学生の募集は「あしたから」始める。

チラシ (pamphlet, leaflet)、プリントアウト (to print out)
The girl is going to print out the pamphlets and then take them to the professor's office, so the correct answer is (2). Recruiting volunteers to help out with the open lecture will begin (あしたから).

「チラシ」(传单)，「プリントアウト」(打印)。
因为接下来要做的事是将传单打印出来，拿到老师的研究室去，所以答案是2。而募集帮忙公开讲座的志愿者学生是从「あしたから」。

「チラシ」(전단지)，「プリントアウト」(인쇄)。
지금부터 전단지를 인쇄해 선생님의 연구실에 가지고 가므로

정답은 2. 공개강좌를 도와주는 자원봉사 학생의 모집은「あしたから」시작한다.

▶問題2 ポイント理解 …… CD07 ~ CD13

Section 2 Point Comprehension／
問題2 要点理解／문제2 포인트이해

1 腰を上げたら、携帯電話が見つかったことから、正解は4と分かる。

The man found his phone when he got up from his seat in the car, so the correct answer is (4).

从抬起腰来就找到手机这句话中，可以知道答案是4。

일어나 보니 휴대전화가 있었으므로 정답은 4임을 알 수 있다.

2 まず、全般的な天気の傾向を述べた後、天気の「移り変わり」についてもう少し詳しく説明している。「午後になるとこの雨の降りやすいエリアは関東地方にも広がってきます…」と言っているので、正解は2。

エリア (area)、以降 (following, after)
After the general weather patterns are described, a more detailed description of the weather 移り変わり (change) is provided. The weather forecaster states 午後になるとこの雨の降りやすいエリアは関東地方にも広がってきます…, so the best answer is (2).

「エリア」(区域)，「以降」(以后)。
在报道了整个天气的动向之后，关于天气的「移り変わり」(改变) 也做了进一步的详细说明。因为说到「午後になるとこの雨の降りやすいエリアは関東地方にも広がってきます…」，所以正确答案是2。

「エリア」(지역, 구역)，「以降」(이후)。
먼저 전반적인 날씨의 경향을 말한 후 날씨의「移り変わり」(변화) 에 대해서도 좀 더 상세하게 설명하고 있다.「午後になるとこの雨の降りやすいエリアは関東地方にも広がってきます…」라고 하고 있으므로 정답은 2.

3 「オリーブオイルは香りが非常に豊か(＝香りがいい)」という発話から分かる。

ドレッシング (dressing)、オリーブオイル (olive oil)
The woman says the reason she uses olive oil is because オリーブオイルは香りが非常に豊か〔＝香りがいい〕(it has a wonderfully rich aroma).

「ドレッシング」(调味汁)，「オリーブオイル」(橄榄油)。
答案可以从「オリーブオイルは香りが非常に豊か(＝香りがいい)」「橄榄油的香味十分浓郁(＝味道好闻)」这句话中得知。

「ドレッシング」(드레싱)，「オリーブオイル」(올리브 오일)。
「オリーブオイルは香りが非常に豊か〔＝香りがいい〕」(올리브 오일은 향이 매우 풍부 [＝향이 좋다]) 라는 발화로 알 수 있다.

4 男の人は「いつもおんなじの(＝同じ水)を飲んでると、飽きる」から、水を変えた。

The man いつもおんなじの(＝同じ水)を飲んでると、飽きる、

so he decided to change the type of water he drinks.

男人因为「いつもおんなじの（＝同じ水）を飲んでると、飽きる」，所以换了一种水喝。

남자는「いつもおんなじの（＝同じ水）を飲んでると，飽きる」로 보아 물을 바꿨다.

5 先生は「（田中君が宿題のノートを忘れたことを）人のせいにしないのは偉い」と思い，田中君をほめた。

The teacher praised Tanaka, saying that〔田中君が宿題のノートを忘れたことを〕人のせいにしないのは偉い (the fact that he did not blame others [for forgetting his homework notebook] is commendable).

老师觉得「（田中君が宿題のノートを忘れたことを）人のせいにしないのは偉い」（田中虽然忘了带作业簿）却没有将责任加怪于别人身上这点很了不起」，所以表扬了田中。

선생님은「（田中君が宿題のノートを忘れたことを）人のせいにしないのは偉い」〔田中군이 숙제 노트를 잊어버린 것을〕남의 탓으로 하지 않는 것은 훌륭하다）고 여기며 田中군을 칭찬했다.

6 「実は、彼ら（＝友だちづくりが上手な子供）の周りには、かならず、そのような（＝やさしくて、周りによく気をつかう）大人たちがいます」という発話から「周りの大人たちの態度」が影響していると分かる。「実は」の後には、重要な内容が話されることが多いので、特に注意して聞こう。

The man states that: 実は、彼ら（＝友だちづくりが上手な子供）の周りには、かならず、そのような（＝やさしくて、周りによく気をつかう）大人たちがいます, so it is evident that children are influenced by the 周りの大人たちの態度 (the behavior of adults around them). 実は is often used to introduce important information, so make sure to listen closely to the details that follow.

从「実は、彼ら（＝友だち作りが上手な子供）の周りには、かならず、そのような（＝やさしくて、周りによく気をつかう）大人たちがいます」这句话中，可以看出「周りの大人たちの態度」（周围的大人的态度）在起着影响。「実は」的后面，阐述重要内容的情况较多，要加以注意。

「実は，彼ら（＝友だちづくりが上手な子供）の周りには，かならず，そのような（＝やさしくて，周りによく気をつかう）大人たちがいます」라는 발화로 보아「周りの大人たちの態度」（주변의 어른들의 태도）가 영향을 끼치고 있는 것을 알 수 있다.「実は」다음에 중요한 내용을 이야기하는 경우가 많으므로 특히 주의해서 듣도록 하자.

▶問題3 概要理解 …………

Section 3 Summary Comprehension /
問題3 大意理解 / 문제3 개요이해

1 「概要理解」の問題なので，細かい数字よりも，話の要点に注意して聞こう。主に1ヶ月に本をどのくらい読むかについて述べられているので，

正解は 1。

For the 概要理解 (summary comprehension) section, the important thing is to focus on catching the main points of the conversation. Don't worry about trying to remember every little detail or figure. In this instance, the TV announcer is describing how many books people read per month, so the correct answer is (1).

因为这是「概要理解」（大意理解）的题目，所以比起具体的数字，更要注意听话的要点。这里主要说的是1个月里读多少书的事情，所以答案是1。

「概要理解」（개요 이해）의 문제이므로 정확한 숫자보다도 이야기의 요점에 주의하여 듣도록 하자. 주로 한달에 책을 어느 정도 읽는가에 대한 문제이므로 정답은 1.

2 今までのガラス製の鏡の問題点を述べてから，プラスチック製の鏡を宣伝している。「地震」、「危険」、「ケガ」などの言葉が繰り返し出てくることからも「安全性」の話だと分かる。

プラスチック (plastic) 経済性 (economic potential)
The salesman first describes all the problems of conventional glass mirrors, and then begins the sales pitch for plastic mirrors. He repeatedly mentions things such as 地震 (earthquakes) 危険 (danger) and ケガ (injury), so it is clear that he is emphasizing the superior sense of safety that plastic mirrors deliver.

「プラスチック」（塑料），「経済性」（经济性）
这里在先叙述了至尽为止的玻璃制的镜子的问题所在之后，再对塑料制的镜子进行了宣传。而从「地震」（地震），「危険」（危险）「ケガ」（受伤）等单词的频繁出现之中也可以知道是关于「安全性」（安全性）的话题。

「プラスチック」（플라스틱），「経済性」（경제성）
종래 유리 거울의 문제점에 대해 논한 후 플라스틱 거울을 선전하고 있다. 「地震」（지진）「危険」（위험）「ケガ」등의 단어가 나오므로「安全性」（안전성）에 관한 이야기인 것을 알 수 있다.

3 日本では「議論らしい議論は見当たらない（＝討論番組が少ない）」。フランスにもお笑い番組はあるが「目立たない」（＝お笑い番組が少ない）。「目につく」は「目立つ」という意味。

討論番組 (discussion/debate show) お笑い番組 (variety/ comedy show)
The woman states that 議論らしい議論は見当たらない（＝討論番組が少ない）. While there are variety shows in France, she claims that they 目立たない（＝お笑い番組が少ない）(don't really stand out [there are only a few]). The word 目につく means 目立つ (to stand out, to be easily noticed).

「討論番組」（讨论节目），「お笑い番組」（搞笑节目）
在日本「議論らしい議論は見当たらない（＝討論番組が少ない）」。法国虽然也有搞笑节目，但是「目立たない」（＝お笑い番組が少ない）（＝搞笑节目很少）。「目につく」的意思是「目立つ」（显眼）。

「討論番組」（토론 프로그램），「お笑い番組」（개그 프로그램）. 일본에서는「議論らしい議論は見当たらない（＝討論番組が少ない）」. 프랑스에도 개그 프로그램은 있지만「目立たない」（＝お笑い番組が少ない）（눈에 띄지 않는다 [＝개그 프로그

램이 적다]).「目につく」는「目立つ」(눈에 띄다)의 의미.

4 「この映画,魅力は俳優だけではありません…注目は映画のラスト」というところからも,映画の魅力や注目すべき点について話していると分かる。映画の主演やヒロインについて紹介しているが,「俳優の魅力」について話しているわけではない。

アカデミー賞 (Academy Award)　みどころ (points of interest, highlights)

In her description of the upcoming movie, the woman highlights the main attraction and key points of interest of the film, stating that この映画,魅力は俳優だけではありません…注目は映画のラスト. Though she introduces the main actor and heroine that appear in the movie, she is not describing the 俳優の魅力.

「アカデミー賞」(奥斯卡奖),「みどころ」(看点)
从「この映画,魅力は俳優だけではありません…注目は映画のラスト」这句话中,也可以知道这里在说电影的魅力和值得注目的地方。虽然对电影的男女主角也做了介绍,但说的并不是「俳優の魅力」。

「アカデミー賞」(아카데미상),「みどころ」(볼거리)
「この映画,魅力は俳優だけではありません…注目は映画のラスト」라는 말로 보아 영화의 매력이나 주목할 점에 대해 이야기하고 있는 것을 알 수 있다. 영화의 주연이나 히로인에 대해 소개하고 있으나「俳優の魅力」에 대해 이야기하고 있지는 않다.

5 「政治集会で男の人が演説」という状況説明から,男の人の意見や主張に気をつけて聞こう。「私はこれ(=「子供手当」)には賛成できません」,「われわれ民自党は,消費税を上げることに…反対」から正解は3と分かる。

子供手当 (child allowance [kodomo teate])　消費税 (consumption tax)

The explanation of the situation given informs us that 政治集会で男の人が演説 (a man is speaking at a political rally), so make sure to focus on the views and key points he introduces within his speech. He tells the people in the crowd that 私はこれ(=子供手当)には賛成できません,われわれ民自党は,消費税を上げることに…反対, thus the correct answer is (3).

「子供手当」(儿童补贴),「消費税」(消费税)。从「政治集会で男の人が演説」(在政治聚会上男人作演讲)这个场景说明中,知道应注意听男人的意见和主张。从「私はこれ(=「子供手当」)には賛成できません」,「われわれ民自党は,消費税を上げることに…反対」这两句话中可以知道答案是3。

「アカデミー賞」(아카데미상),「みどころ」(볼거리).「この映画,魅力は俳優だけではありません…注目は映画のラスト」라는 말로 보아 영화의 매력이나 주목할 점에 대해 이야기하고 있는 것을 알 수 있다. 영화의 주연이나 히로인에 대해 소개하고 있으나「俳優の魅力」에 대해 이야기하고 있지는 않다.

▶問題4 即時応答

Section 4 Quick Response／
問题4 即时应答／문제4 즉시응답

1 「～ましょうか」は,申し出を表す「～ようか」の丁寧な言い方。「お荷物,お持ちしましょうか」など。

～ましょうか is the polite form of ～ようか. These expressions are used when offering to do a favor for someone. For example, お荷物, お持ちしましょうか.

「～ましょうか」是表示建议的「～ようか」的有礼貌的说法。比如「お荷物,お持ちしましょうか」等等。

「～ましょうか」는 자청의 의미인「～ようか」의 정중한 표현.「お荷物,お持ちしましょうか」등.

2 「急がなきゃ」は「急がなければ(ならない)」の音変化。

急がなきゃ is the sound change of 急がなければ(ならない).

「急がなきゃ」是「急がなければ(ならない)」的音便形式。

「急がなきゃ」는「急がなければ(ならない)」의 음이 변화한 것.

3 ここで「って」は、人から聞いて得た情報を表す。「おかげさまで」は、お祝いの言葉に対して、相手への感謝の意味も含めた挨拶として用いられている。

って indicates information that was heard from someone else. In this particular instance, the female student uses the greeting おかげさまで to convey her gratitude to the male student in response to the words of congratulation he offers.

在这里,「って」是表示从别人那里听到的情报。「おかげさまで」是寒暄用语。对别人祝福的话语表示感谢。

여기에서「って」는 다른 사람에게서 듣고 얻은 정보를 나타낸다.「おかげさまで」는 상대방의 축하 인사에 대해 감사의 의미를 포함한 인사로서 사용된다.

4 「出なきゃなんない」は「出なければならない」の音変化。

当たり前 (that's obvious; obviously).
出なきゃなんない is the sound change of 出なければならない.

「当たり前」(理所当然)。
「出なきゃなんない」是「出なければならない」的音便形式。

「当たり前」(당연).
「出なきゃなんない」는「出なければならない」의 음이 변화한 것.

5 「いらした」は「来た」の尊敬語,「参りました」は「来た」の謙譲語。

いらした is the respectful form of 来た, and 参りました is the humble form of 来た.

「いらした」是「来た」的敬语。「参りました」是「来た」的谦语。

「いらした」는「来た」의 존경어,「参りました」는「来た」의 겸양어.

6 男の人は，女の人が明日から出張なのに残業しているので，驚いて聞いている。

残業 (overtime)
The man is surprised to see the woman working so late, considering that she is leaving on a business trip the following day.

「残業」(加班)。
女人明天要出差却还在加班，男人很吃惊的听着此事。

「残業」(잔업)。
남자는 여자가 내일부터 출장인데 잔업을 하고 있기 때문에 놀라서 묻고 있다.

7「そんなもんじゃない」とは，「そんなもの（＝そんな少ない数）ではない」という意味。「それどころじゃない」は，「それができる状況ではない」という意味なのでおかしい。

The expression そんなもんじゃない in this sentence means そんなもの(＝そんな少ない数)ではない (it can't be that (small)). それどころじゃない means それができる状況ではない (in no condition to be able to do so), so it would make no sense to say this in response to the woman's statement.

「そんなもんじゃない」的意思是「そんなもの（＝そんな少ない数）ではない」(不是那么少)。而「それどころじゃない」的意思是「それができる状況ではない」(那不是可以做到的情况)，所以不对。

「そんなもんじゃない」란「そんなもの（＝そんな少ない数）ではない」(그정도[＝그렇게 적은 수]가 아니다)의 의미.「それどころじゃない」란「それができる状況ではない」(그것이 가능한 상황이 아니다)의 의미이므로 부적합.

8「あれほど言ったのに」＝「あんなに(何回も)言ったのに」。「〜っこない」は，「絶対〜しない」という意味。

あれほど言ったのに means あんなに(何回も)言ったのに (even though I repeatedly reminded you [a number of times]). 〜っこない means 絶対〜しない (there's no way I'd ---).

「あれほど言ったのに」＝「あんなに(何回も)言ったのに」(明明说了好几遍了)。『〜っこない』的意思是「絶対〜しない」(绝对不做〜)。

「あれほど言ったのに」＝「あんなに（何回も）言ったのに」(그렇게 몇번이나 말했는데도).「〜っこない」는「絶対〜しない」(절대 〜하지 않는다)의 의미.

9 相手が「宅急便でお送りください」と言っているので，2や3はおかしい。

The man tells the woman to 宅急便でお送りください, thus (2) and (3) would be strange responses to his request.

因为对方说的是「宅急便でお送りください」，所以2 和 3 不正确。

상대방이「宅急便でお送りください」라고 하고 있으므로 2 나 3 은 부적합.

10「小沢部長におっしゃっていただけましたか？」は，「小沢部長に言ったか（＝伝えたか）？」の丁寧な言い方。

小沢部長におっしゃっていただけましたか? is the polite way of asking 小沢部長に言ったか(＝伝えたか)? (did you tell the department head, Mr. Ozawa?)

「小沢部長におっしゃっていただけましたか？」是「小沢部長に言ったか（＝伝えたか）？」(你帮我跟小沢部长说了吗) 的礼貌的说法。

「小沢部長におっしゃっていただけましたか？」는「小沢部長に言ったか（＝伝えたか）？」(小沢부장에게 말했는가 [＝전했는가]？) 의 정중한 표현.

11「守れるはずもない（＝守ることは不可能な）約束をする」ことに対して，守らなくてはいけないと言っている1が正解。「〜ざるをえない」＝「〜する以外に方法がない」。

The woman states 守れるはずもない(＝守ることは不可能な)約束をする (that person always makes promises he can't keep [impossible promises]). The most natural response in this situation is (1), in which the man states that people should honor the promises they make. The phrase 〜ざるをえない means 〜する以外に方法がない (there is no other way but to ---).

对于「守れるはずもない（＝守ることは不可能な) 約束をする」(做了不可能遵守的约定)这件事，表示不能不遵守选项 1 是正确答案。「〜ざるをえない」＝「〜する以外に方法がない」(除了〜以外没有别的办法)。

「守れるはずもない（＝守ることは不可能な) 約束をする」(지킬 수 있을 리가 없는 [＝지키는 것은 불가능한] 약속을 하다) 에 대해 꼭 지켜야 한다고 하고 있으므로 1 이 정답.「〜ざるをえない」＝「〜する以外に方法がない」(〜하는 것 외에 방법이 없다).

12「調べようがない」とは，「どんな方法を使っても，調べることはできない」という意味。

The expression 調べようがない means どんな方法を使っても，調べることはできない (this cannot be searched, no matter which way you try).

「調べようがない」的意思是「どんな方法を使っても，調べることはできない」(无论用什么方法也查不出来)。

「調べようがない」란「どんな方法を使っても，調べることはできない」(모든 방법을 동원해도 조사할 수가 없다)의 의미.

▶問題5 統合理解

Section 5 Integrated Comprehension／
問題5 综合理解／문제5 통합이해

① 最後の「駅のそばに新しくできた居酒屋、個室があるらしいよ」という意見に他の2人も賛成しているので、正解は4。

打ち上げ (to hold an end of seminar party, etc.) 居酒屋 (Japanese style bar-restaurant) 個室 (private room)
Towards the end of the discussion one of the male students states (駅のそばに新しくできた居酒屋、個室があるらしいよ). The two other students go along with his suggestion, so the correct answer is (4).

「打ち上げ」(庆功会),「居酒屋」(小酒吧),「個室」(包间)
其他2个人对于最后的「駅のそばに新しくできた居酒屋、個室があるらしいよ」这个意见也赞成，所以答案是4。

「打ち上げ」(뒤풀이),「居酒屋」(술집),「個室」(개별실)
마지막의「駅のそばに新しくできた居酒屋、個室があるらしいよ」라는 의견에 다른 두 명도 찬성하고 있으므로 정답은 4.

② (1) 各部屋の説明があることを予測して、メモをとりながら聞こう。男の人の整理券は、「81番」の上と下が「さかさま（＝反対）」なので、「18番」。「10番台」と言っていることからも正解は分かる。

整理券 (numbered ticket)
We can assume that we are going to hear a description about each of the rooms used for the health exam, so make sure to take notes as you listen. The woman tells the man that his ticket is さかさま（＝反対）(upside down [reversed]), so it is really "18" and not "81". The man also mentions that his number is "in between 10 and 20", providing another hint to help you determine the correct answer.

「整理券」(号码牌)
可以推测是关于各个房间的说明，要边做笔记边听。因为男人的号码是「81番」的上下下「さかさま（＝反対）」(反过来)，所以是「18番」。从「十几号」中也可以知道正确答案。

「整理券」(정산권)
각 방의 설명이 있을 것을 예측하고 메모를 해가며 듣자. 남자의 정산권은「81번」의 위와 아래가「さかさま（＝反対）」(거꾸로 됨 [＝ 반대])인「18번」.「10번대」라고 하는 것에서도 정답을 알 수 있다.

(2) 女の人の整理券は「セブン（＝7）」が2つなので、「77番」。

ラッキーセブン (lucky sevens)
The woman has two セブン（＝7）on her ticket, which means that her number is "77".

「ラッキーセブン」(幸运七)
因为女人的号牌是2个「セブン（＝7）」，所以是「77番」。

「ラッキーセブン」(럭키 세븐)
여자의 정산권은「セブン（＝7）」이 두 개이므로「77번」.

③ (1) 大根も白菜も早く収穫できる「ミニタイプ」の方が作りやすい。男の人は、「大根は難しいの（＝大型大根）に挑戦」し、ラディッシュも「少しだけ、まいてみる」ので正解は2。

種まき (planting seeds, sowing seeds) 収穫 (harvest) 初心者 (amateur, beginner)
Because they can be harvested after a relatively short growing period, the ミニタイプ daikon and Chinese cabbage are easiest for beginners to raise. The man says 大根は難しいの（＝大型大根）に挑戦 and indicates that he also wants to 少しだけ、まいてみる (try planting a few), thus the correct answer is (2).

「種まき」(播种),「収穫」(收获),「初心者」(初学者)
萝卜和大白菜是能早收获的「ミニタイプ」好种。因为男人不但「大根は難しいの（＝大型大根）に挑戦」，水萝卜也「少しだけ、まいてみる」，所以答案是2。

「種まき」(파종),「収穫」(수확),「初心者」(초보자)
무도 배추도 빨리 수확할 수 있는「ミニタイプ」쪽이 재배하기 쉽다. 남자는「大根は難しいの（＝大型大根）に挑戦」이라고 하고 래디쉬도「少しだけ、まいてみる」(조금만 뿌려 보겠다) 이므로 정답은 2.

(2) 女の人は、最初、「初心者向き」の「ミニ大根」と「ミニ白菜」を作るつもりだったが、男の人に言われて、「白菜」は「（大型）白菜の方に挑戦してみる」ことにした。

The woman originally intended to grow plants that were better 初心者向き (suited for beginners), such as ミニ大根 (small daikon) and ミニ白菜 (small Chinese cabbage). However, the man encourages her to try something more challenging, so she chooses 白菜 and decides to（大型）白菜の方に挑戦してみる.

女人最初打算种「初心者向き」(适合初学者) 的「ミニ大根」(小萝卜) 和「ミニ白菜」(小白菜)，但被男人一说，决定「白菜」要向「（大型）白菜の方に挑戦してみる」。

여자는 처음에「初心者向き」(초보자용) 의「ミニ大根」(미니 무) 와「ミニ白菜」(미니 배추) 를 재배할 예정이었으나 남자 말을 듣고「白菜」는「（大型）白菜の方に挑戦してみる」하기로 했다.

「言語知識」の対策

(以下の問題番号はすべて1回目の模試の問題番号です)

…………… 文字・語彙の対策 ……………

▶試験時の注意

① 前半の問題はなるべく早く解こう

「言語知識」の問題は70問以上あります。読解の時間を残すことを考えると、前半はなるべく早く解きたいものです。選択肢には多くの人が間違えそうな言葉が並んでいますから、正しい使い方を知っていても、何度も選択肢を見ているうちに迷ってしまう人がいます。文字・語彙の問題は時間をかけたからといって、必ずしもできるとは限りません。後半に時間を残すためにも、あまり時間をかけず、次の問題に移りましょう。

② 意味や使い方を考えながら問題文を読もう

漢字の問題は時々、下線部だけを見て解答する人がいますが、これはあまりおすすめできません。問題文を読むと、下線部や空欄の意味が推測できます。また、前後の助詞から答えがわかることもあります。つまり、問題文にはヒントが隠れているのです。問題を解くときは、下線部や選択肢だけ見るのではなく、意味や使い方に注意して問題文を全部読みましょう。

▶おすすめの勉強方法

漢字は読み方と言葉をまとめて覚えよう

漢字を覚えるときは、ほかの読み方やその字を使った言葉も一緒に覚えるようにしましょう。漢字の問題は、別の読み方が選択肢になることも多いです。漢字は覚えれば覚えるほど点数が伸びますから、ぜひ正確に覚えて得点アップにつなげましょう。

言葉は意味と使い方を一緒に覚えよう

語彙の問題は使い方がわからなければ、正しい答えが選べません。たくさん言葉を暗記するだけではなく、どんなときに使うか、意味や助詞、場面なども合わせて覚えると、試験の成績も伸び、実際に使える日本語力が身につくでしょう。

…………… 文法の対策 ……………

▶試験時の注意

① 問題文の意味をつかもう

文法問題では決まった形（文型）が多く出題されますが、下線部や空欄の前後をよく読むと、どんな意味の言葉が入るかが見えてきます。意味がわかれば解ける問題も多いので、場面や筆者の気持ちなどにも注意して、問題文を読むようにしましょう。

② 助詞や活用形に注意しよう

意味が似ていても、一緒に使える助詞や品詞、活用形が違う場合があります。助詞や活用形がヒントになって解ける問題も多いですから、文法問題は意味だけでなく、品詞や活用形にも注意して解きましょう。

▶おすすめの勉強方法

① 練習問題集を1冊、しっかり勉強しよう

文法の参考書や練習問題はたくさん出版されています。N2レベル（または2級レベル）の練習問題集を1冊しっかり勉強して、基本的な文型をきちんと覚えましょう。文法問題は文型をきちんと覚えていれば確実に得点につながりますし、練習すればするほど、早く解けるようになるでしょう。

② 実際に文を作ってみよう

N2の試験には日常生活でよく使う表現がたくさん出てきます。練習問題をするだけではなく、自分で文を作ってみることによって、場面や状況も理解できますし、本当の力がつきます。ぜひ、実際に使ってみることをおすすめします。

············ 「読解」の対策 ············

▶試験時の注意

① **時間をかけるポイントを決めておく**

　読解問題の本文は、前半が短く、後半が長くなります。前半の問題から確実に解いていくのか、ざっと最後まで目を通してあとでじっくり考えるのか、得意なやり方は人それぞれでしょう。しかし、最後に時間がなくなってあわてることがないよう、計画的に時間を使うようにしましょう。

② **問題によって読み方を変えよう**

　読解問題は本書の問題10のように、文章全体の意味を理解しなければ解けない問題もあれば、問題12、14のように必要な情報だけ探し出せばよい問題もあります。どの問題も一字一句読めばいいわけではありません。出題に合った読み方をして、効率的に解いていきましょう。（問題番号はすべて1回目の模試の問題番号です）

③ **指示語に注意しよう**

　本文の中で、指示語の指す内容がわからないと、文章全体の意味を取り違えてしまうことがあります。読解問題でたびたび「「それ」は何を指しているか」といった」といった問題が出題されるのはこのためです。指示語が何を表しているか、注意しながら読みましょう。

④ **同じ内容の言葉や文に注意しよう**

　筆者は文章の中で、例を挙げたり、ほかの言葉で言い換えたり、要点をまとめたりして、最も伝えたいことをわかりやすく説明するのが普通です。つまり、文章の中で何度もくり返し述べられていることは、筆者が伝えたい内容だということになります。試験で出題されるのも、この部分が多いですから、くり返し述べられる内容に注目しましょう。

▶おすすめの勉強方法

① **生の文章に触れてみよう**

　これまでは教科書や問題集など、学習者向けの文章を中心に読んできた人も多いでしょう。しかし、N2の合格基準は日常生活で使われる言葉だけでなく、新聞、雑誌などを読んで、ある程度理解できるレベルです。いろいろな文章を読むことに挑戦してみましょう。

② **目的を決めて読んでみよう**

　母語で読むとき、みなさんは目的に合った読み方をしているはずです。例えば、図書館の利用案内を読むときに、全文を読む必要はありません。自分に必要な情報だけを探せばいいですし、新聞記事を読むときは、知らない言葉があっても事実関係がわかればいいわけです。小説を読むときは登場人物の気持ちを味わいながら読むでしょう。このように、日本語でも読む目的に合った読み方をしてみましょう。そうすることで、より実践的な読み方ができますし、試験に必要な読解力もつくでしょう。

「聴解」の対策

（以下の問題番号はすべて1回目の模試の問題番号です）

▶試験中の注意

聴解試験は，言語知識や読解と違って，次々に問題が出てきます。前の問題が分からなくても，気持ちを切りかえて，今流れている音声に集中しましょう。

	聴解タイプ	問題用紙に選択肢が書いてあるか	事前に質問文が流れるか	事前に状況説明が流れるか	事前に選択肢を読む時間があるか
問題1	課題理解	○	○	○	×
問題2	ポイント理解	○	○	○	○
問題3	概要理解	×	×	○	×
問題4	即時応答	×	×	×	×
問題5	統合理解	○／×	×	○	×

■ 問題1　課題理解

　具体的な課題解決に必要な情報を聞き取り，次に何をするのが適当か理解できるかを問う問題です。事前に質問文が流れるので，質問内容をよく理解し，聞くべきポイントを絞って聞きましょう。

　問題1，2，3は，選択肢の絵を見ながら，買うものや運ぶものなどを選ぶ問題です。それぞれの選択肢に関する話の展開に注意して聞きましょう。1，3は，選ぶものが1つではなく複数です。このような問題では，「それから…」，「あと…」，「それと…」など，さらに何かを付け加える表現が出てきたら，特に注意して聞きましょう。

　会話の内容が「依頼」の場合，「～てくれる？」，「～てくれないかな」，「～お願いします」，「～（し）て」など，依頼表現を含む発話に注意して聞きましょう。依頼を付け加える場合は，依頼表現が省略される場合もありますから，気をつけましょう。

■ 問題2　ポイント理解

　事前に示されている聞くべきことをふまえ，ポイントを絞って聞くことができるかを問う問題です。この問題では，事前に質問文が流れることに加えて，選択肢を読む時間があります。質問文と選択肢から内容を予測し，聞くべきポイントを絞って聞きましょう。

　解答の際は，必ず，質問に対する答えを選びましょう。話の内容と選択肢の内容が一致していても，質問の答えではない場合もあります。例えば6では，「先生が，特に大事だと言っているのは何ですか」という質問なので，先生が最も主張していることを選択しなければいけません。

　1，2，5は，理由を答える問題です。本当の理由を聞き逃さないように，話の展開に注意して聞きましょう。「実は」のように，その後に重要な内容が話されるキーワードの後は，特に注意して聞きましょう。

　1では，「1冊の値段で，3冊も注文できたのよ…なんか得した気分」という発話に対して，選択肢には「本を安く買えたから」と書いてあります。このように、選択肢では表現を言い換えている場合も多いので，注意しましょう。

■ 問題3　概要理解

　話者の意図や主張などが理解できるかを問う問題です。事前に質問文は流れませんが、簡単な状況説明があります。よく聞いて、予測に役立てましょう。

　1、2、4は、何について述べているのかを問う問題です。聞き取った内容を総合して、話の要点を考えましょう。繰り返し出てくる言葉（＝キーワード）も答えるときのヒントになります。5は、話者の主張や意見について問う問題です。「（私は）〜と思います」など、話者の主張や意見を述べている部分に特に注意して聞きましょう。

■ 問題4　即時応答

　質問などの短い発話を聞いて、適切な応答が選択できるかを問う問題です。事前に質問文も流れませんし、状況説明もありません。

　習慣的に使われる挨拶や表現（1、3、7、12）に関しては、普段から日本語の会話のやりとりに注意しておくことが大切です。謝罪や褒められたときの応答は、国によって異なる場合もありますから気をつけましょう。

　発話では6「なかなか人が集まらなくて…」のように、後ろの部分が省略されていることがあります。「なかなか〜ない」といった表現や、発話の状況から後ろの文を推測して、理解しましょう。また、10の「伺いました」のように、敬語を含む問題もあります。聞いてすぐ理解できるように復習しておきましょう。

■ 問題5　統合理解

　複数の情報を比較・統合しながら、内容が理解できるかを問う問題です。事前に質問文は流れませんが、簡単な状況説明があります。よく聞いて、予測に役立てましょう。例えば3では、「メニューの説明をしています」という状況説明と、問題用紙に書かれている選択肢から、これから、それぞれのメニューの説明があると予測できます。選択肢の説明をメモしながら聞いていきましょう。質問内容を全く予測できない場合は、最初に場面設定をよく理解し、ポイントとなりそうなことをメモしながら話の内容を理解していきましょう。

▶おすすめの勉強方法

　毎日少しでもCDを聞き、耳を慣らしましょう。同じ問題でも、繰り返し解くことが大切です。N2では自然に近いスピードの音声が流れます。ニュースなど、普段から、生の日本語音声を聞くことも大切です。分からない語があってもすぐに辞書で調べずに、まずは推測するように心がけましょう。その後に、意味と読み方を確認することも忘れずにしてください。語彙を増やすことは聴解にとって非常に大切です。見れば意味が分かる漢字でも、読み方が分からなければ聴解では役に立ちません。必ず読み方も一緒に覚えて、聞いて分かるようにしておきましょう。同じ内容でも様々な表現があります。また、話し言葉では音変化している場合もあります。どのような表現、発音を聞いても理解できるように、同じ意味の言い換え表現や、音変化した形は一緒に覚えておきましょう。

Strategy for Language Knowledge

(The numbers for the following questions are the same as those in Practice Test 1)

Strategy for Kanji Reading and Vocabulary

▶ **Things to note during the exam**

1). Finish the first half of the test as quickly as possible

The Language Knowledge part of the test contains over 70 questions. To allow yourself enough time to focus on the reading section, do your best to work through the first half of the test as fast as you can. Be careful, though, for the answer selections are made up of words that many people easily mistake. Even if you know the correct usage, continually reviewing the answer selections can cause you to second guess yourself. Remember that spending a lot of time on the kanji reading and vocabulary questions does not guarantee your success. Move quickly through each question to give yourself plenty of time for the latter half of the test.

2). Consider the meaning and usage of the word as you read each question

Occasionally there are people that answer questions in the kanji reading section by merely looking at the underlined word. However, this is not the way you should approach this part of the exam. Try to guess the meaning of the underlined word or blank when you read the question. There are also times you can determine the answer by referring to the particles that precede or follow the word. Remember that each question contains important hints, so avoid focusing only on the answer selections and underlined word. Make sure to read the entire question, paying attention to the meaning of the word and how it is used in context.

▶ **Study Methods**

1). Memorize the vocabulary and kanji readings togeth

The most effective way to remember kanji is to memorize the different readings together with the words which use that particular kanji. In addition, there are many questions in which the multiple readings of a single kanji make up the answer choices. Kanji proficiency helps to boost your overall score, so make sure that you correctly memorize all the kanji that may appear on the test.

2). Memorize both the meaning of vocabulary and how it is used in context

Knowing a word is not enough to determine the correct answer. While having a large vocabulary base is important, to fully master the use of language you must learn the meaning of each word, when and how words are used, and the particles that accompany them. Adopting this comprehensive approach for studying vocabulary will not only help to raise your overall score, but further improve your practical proficiency in the Japanese language.

Strategy for Grammar

▶ **Things to note during the exam**

1). Identify the meaning of the sentence

Though most of the questions in this section focus on fixed forms (sentence patterns), don't forget to carefully read the words surrounding the blank or underlined section. This will help you to determine the meaning of the words that fit the context. There are many questions you can easily answer once you know the intended meaning, so make sure to pay attention to the situation and the feelings of the writer as you read each question.

2). Pay attention to particles and inflected forms

Though the meaning may be the same, the parts of speech and inflected forms used together with the word vary according to the sentence pattern. In addition to determining the meaning, make sure that you note these forms as you answer the questions.

▶ **Study Methods**

1). Get a practice question book and study it thoroughly

There are a number of practice question books and grammar guides available. Get a N2 level (or old Level 2) book and study it exhaustively to master the basic sentence patterns that appear on the test. Having a sound grasp of these patterns greatly improves your chances of scoring well on this section. The more you practice, the faster you will be able to answer the questions on the actual exam.

2). Practice creating your own sentences

Many of the expressions that appear on the N2 test are commonly used within everyday life. While studying practice questions is important, attempting to create your own sentences enables you to understand the situations and context in which they are used. This will ultimately elevate your own ability to effectively use the Japanese language. Consistently make an effort to apply what you have learned.

Strategy for Reading Comprehension ......

▶ **Things to note during the exam**

1). Carefully allocate your time

The first half of the reading section contains short passages, and the latter half is made up of longer blocks of text. There are number of ways to tackle the reading part. Some people prefer to start with the first half and deliberately work on each question, while others prefer to skim through all the sections first, and then carefully consider each question. The important thing is to choose an approach that best works for you. Always remember to deliberately allocate your time so you can answer all of the questions and avoid rushing at the end.

2). Adjust your reading style to fit the scope of the question

You don't have to read every little detail of each passage that appears on the test. There are reading questions, such as those in section 10 of this book, that only require to you understand the overall meaning of the entire passage. To answer the questions in sections 12 and 14, you only need to skim the material and find the necessary information. Remember to look at the passage and decide the best way to read the material, and then efficiently work to identify the answer. (The numbers for the questions are the same as those in Practice Test 1.)

3). Pay attention to reference terms

Failing to correctly identify what the reference terms indicate can cause you to misinterpret the meaning of the entire passage. Understanding reference terms is a crucial part of the Japanese language, which is the reason there are many questions in the reading section that ask それは何を指しているか. Always remember to note the information that reference terms allude to as you work through each passage.

4). Watch out for words or sentences that contain the same meaning

To make the main idea clear and easy for the reader to understand, the author often provides examples, summarizes important points, or rewords information he/she has previously introduced. In short, the information the author continually reiterates represents the main point he/she wishes to convey. Many of the questions in the reading section on the test follow this pattern, so be sure to note information that is repeated throughout the passage.

▶ **Study Methods**

1). Immerse yourself in real literature

Prior to preparing for the N2 test, most people have probably only read text books and practice tests written in a way that is easy for students of the language to understand. However, to pass the N2 test you must be able to read and to a certain degree comprehend articles found in newspapers and magazines. Make it a point to expose yourself to a wide variety of literature.

2). Read with a purpose

When people read something in their native language, they read in a way that best suits their purpose. For example you don't have to read everything that is written in a library guide; you only look for information that you need to know. Likewise, if you encounter words you do not understand in a newspaper article, you can still derive the meaning from the surrounding context. When it comes to novels, people identify with the feelings and emotions of the main characters as they read. Try to adopt the same mindset as you read different forms of literature in Japanese. This will not only help you to develop a more practical approach to reading Japanese, but will also enable you to acquire the reading comprehension skills necessary to pass the test.

Strategy for Listening

(The numbers for the following questions are the same as those in Practice Test 1)

▶ **Things to note during the exam**

Unlike the language knowledge and reading comprehension sections, the listening section features a continuous series of questions. If you were unable to answer the previous question, forget about it and focus on the question currently being played.

	Listening Test Item	Answers provided in the test booklet	Question played before listening task	Description of context given before listening task	Time to read answer choices before listening task
Section 1	Task-based Comprehension	Yes	Yes	Yes	No
Section 2	Point Comprehension	Yes	Yes	Yes	Yes
Section 3	Summary Comprehension	No	No	No	No
Section 4	Quick Response	No	No	No	No
Section 5	Integrated Comprehension	Only certain questions	No	Yes	No

■ Section 1 Task-based Comprehension
(The numbers for the following questions are the same as those in Practice Test 1)

This section of the exam asks you to pick out the information needed to resolve a specific task, and then select the most appropriate course of action or identify what you learned. **You will hear the question beforehand, so make sure to identify what is being asked and determine the key points to focus on during the listening task.**

In questions 1, 2, and 3 you must look at the pictures provided in the answer choices and select the item that is to be bought or carried. Listen closely to **how the conversation related to each answer choice develops**. For questions such as 1 and 3, in which the speakers mention more than one item, **it is important to pick out expressions that introduce additional items or information**. These include それから…, あと…, and それと….

Conversations in which a "request" is being made always feature phrases such as 〜てくれる？, 〜てくれないかな, 〜お願いします, and 〜（し）て．**Pay special attention to utterances that contain these expressions**. However there are times these expressions are omitted when adding a request, so make sure that you are familiar with the abbreviated and casual forms.

■ Section 2 Point Comprehension

This section tests your ability to listen for items that are specified beforehand and identify the main point. **In addition to hearing the question before each listening task, you will also have time to look over the answer selections. Use this information to predict what will be played during the listening task and pick out the main point.**

When you answer the question for a given task, **always select the answer that best fits what is being asked**. While many of the answer choices will feature information from the actual conversation, they are not always the best answer for that question. This is perfectly illustrated by question 6. Here the question is 先生が，特に大事だと言っているのは何ですか, so you must select an answer that best expresses the point the teacher seeks to make.

Questions 1, 2, and 5 ask you to identify the reason or cause. Listen carefully to **how the conversation** develops so as to avoid missing the reason that is stated. Pay special attention to the information that comes after expressions such as 実は (in fact; actually; in truth), for it is a key word that is often followed by important information that can help you identify the answer.

Another important point to remember is that **the correct answer is often a paraphrased version of something that was said in the actual conversation**. For example, in question 1 the answer 本を安く買えたから conveys the same idea expressed by the speaker, which is 1冊の値段で，3冊も注文できたのよ…なんか得した気分. Carefully refer to the answer choices and try to identify statements that share the same meaning.

■ Section 3 Summary Comprehension

The questions in this section ask you to identify the speaker's intent or opinion. **Though the actual question is not played before the listening task, you are given a simple explanation of the situation**. Make sure to remember what is said here, for it will help you anticipate the key information to listen for during the task.

Questions 1, 2, and 4 ask you **to determine what is being described**. Piece together the information that you hear and use it to identify the main point of the passage. Pay special attention to words that are repeated (key words), for they provide useful hints for selecting the right answer. Question 5 tests your ability **to pick out the speaker's main idea or opinion**. Always remember to listen carefully for sentences that exhibit (私は)〜と思います or a similar pattern, for **they often indicate the point or view the speaker wishes to make**.

■ Section 4 Quick Response

In this section you are required to listen to short utterances, such as an inquiry, and choose the most appropriate response. **You will not hear the question before the task or be provided with an explanation of the situation.**

It is important to always observe how conversations are conducted in Japanese, for this will help you to identify and learn **expressions and greetings** (questions 1, 3, 7, and 12) **that are regularly used**. The responses given when being complimented or the expressions used to make an apology can vary by country, so keep that in mind when selecting the answer.

There are times the full thought is abbreviated or **partially expressed and the rest is left unsaid**, such as in 6 なかなか人が集まらなくて…. Refer to expressions such as なかなか〜ない or consider the situation in which the statement was made, and then attempt to infer the remainder of the sentence. Make sure to listen carefully to **questions that contain honorifics**, such as 10 伺いました. Familiarize yourself with these expressions so that you can instantly recognize them when they are used.

■ Section 5 Integrated Comprehension

This section tests your ability to compare and combine different items of information in order to understand the content. **You will not hear the question before the listening task, but you will be provided with a simple explanation of the situation. Listen carefully to what is said here, for it will help you identify key information to listen for during the task.** In question 3 we are told that メニューの説明をしています, and looking at the answer selections provided it can be assumed that you will hear a series of explanations about a number of different courses. Pay close attention to the explanations given and take notes about the food featured in each course. For questions in which you cannot predict what will be asked, make sure that you **fully understand the different aspects of the situation**, and then write down information you feel is important for determining the correct answer.

▶ Study Methods

Strive to listen to the CD everyday and further develop your listening ability.

Repetition is important, even when listening to the same questions. In addition, the conversations you will hear during the N2 exam are played at nearly natural speed, so regularly listening to the news or other forms of naturally spoken Japanese is also crucial to improving your listening comprehension. If you hear a word you do not recognize, avoid pausing to look it up in the dictionary, but rather try to **derive the meaning from the context**. However, always remember to go back and check the meaning and reading of the word. Boosting your vocabulary is extremely important for the listening section. Knowing the meaning of the kanji is important, but if you are unfamiliar with the reading, you will be unable to catch the word when it is said. **Memorize both the kanji and their subsequent readings, and train yourself to be able to pick out the vocabulary when it is used in conversation**. Likewise, there are a number of different expressions that can be used to describe the same thing. In addition, there are times the sound changes for the words that are spoken. **Learn the various expressions used to convey the same meaning as well their contracted forms**. This will enable you to understand any expression or the pronunciation pattern you hear.

「言语知识」的对策

(下面的题目编号全部是第1回模拟试题的编号)

·········· 文字·词汇的对策 ··········

▶考试时的注意事项

① 前半部分的问题应该尽快解答

「言语知识」这一部分一共有70多道题目。因为要考虑到应该为阅读留些时间，所以前半部分的题目应该尽快解答。而选项中因为是将大家很容易混淆的词语排列在一起，所以即使是知道正确的使用方法，反复看选项后反而更不知道选什么的人也有。而即使将时间花费在文字·词汇上，也不一定得出正确答案。为了后半段多留些时间，也不要花费太多的时间，立刻移向下一道题。

② 边考虑意思和使用方法边读题目

在解答汉字问题的时候，很多人只是看着划线部分解答，但这并不被提倡。阅读问题的话，可以推测出划线部分和空白部分的意思。另外，也有通过前后的助词而得知答案的情况。也就是说，问题中常隐藏着提示。解题的时候不应该光看划线部分和选项，也应留意意思和使用方法来将问题全部读完。

▶推荐的学习方法

① 将汉字的读音和单词一起记忆

记汉字的时候，应该将其他读音以及使用这个字的单词一起牢记。在汉字的问题中，其他的读音作为选项的情况有很多。汉字是记的越多，能得的分数也就越多的题目，一定要正确的记忆，将分数提高。

② 将单词的意思和使用方法一起记忆

词汇问题如果不知道使用方法的话，是不能选出正确答案的。不单单是记住很多的单词，将在什么时候使用，意思，以及助词，场合联合起来记忆的话，不但可以提高成绩还可以提高日常生活中可以使用的日语能力。

·········· 语法的对策 ··········

▶考试时的注意事项

① 抓住问题的意思

虽然语法问题多是固定短语（句型），但是通过读下划线部分以及空白处的前后文，常常可以推测出应填入的单词的意思。因为只要知道了意思，就可以解答出更多的问题，所以应该边注意场景和作者的心情等等，边阅读问题。

② 注意助词以及变形

即使意思很相近，也有一起使用的助词，词性和变形等不同的情况。而因为助词和变形成为解题的提示的情况很多，所以在解题时应该不单单注意语法的意思，词性和变形也应该留心。

▶推荐的学习方法

① 将一套练习题完整的学习

已经出版了的有关语法的参考书和练习题有很多。将一套水平（或者是2级水平的）的练习题完整学习，着实记住基本句型。而语法问题是只要句型记得正确，就可以得到分数，另外，练习的越多，解题的速度也就越快。

② 练习造在实际生活中使用的句子

N2考试时，以日常生活中经常使用的表达出题的情况很多。不单单是做练习题，通过自己造句，不但可以理解场景和情况，还可以将自身能力提高。建议试着在实际生活中使用。

·········· 「阅读理解」的对策 ··········

▶考试时的注意事项

① 事先决定花费时间的部分

阅读理解题目的原文，是前半部分短，而后半部分长。是先着实解答前半部分的问题，还是先从头

到尾大体看一遍，然后再认真考虑，每个人擅长的方法不同。但是要避免因为最后没有时间而慌乱解题，有计划的分配好时间。

② 根据问题的不同而改变阅读方法
　　阅读理解中既有像本书问题 10 那样一定要将全文读过之后才能解答出的问题，也有像问题 12, 14 那样只要找出必要的情报就好的问题。不论是哪种问题，都不是说一字一句的读了就好。应该找出符合题目的阅读方法，有效率的解题。(问题的编号都是第一套模拟试题的编号)

③ 注意指示词
　　在原文中，如果不明白指示词所指的内容，那么有可能将文章的意义理解错误。阅读理解的问题中常常出现「それ」指的是什么这一类题目的原因也正在于此。应该边注意指示词所指的内容，边阅读文章。

④ 表示相同内容的单词和句子应加以注意
　　作者通常在文中通过举例，使用其他单词来换说法，总结要点等来将最想表达的内容进行简单的说明。也就是说，文章中反复叙述了多次的内容就是作者最想表达的内容。而考试中将这一部分作为题目的情况也很多，应该多留意反复叙述的内容。

▶ 推荐的学习方法
① 试着多接触些日常生活中的文章
　　至今为止一直阅读教科书以及练习题等，面向学习者的文章的人应该有很多。但是 N 2 得合格标准不单单是日常生活中所使用的单词，而是读了报纸，杂志等之后能够理解其意思的程度。因此应该试着挑战阅读更多类型的文章。

② 先决定目的再阅读
　　在阅读母语文章的时候，大家肯定都是采用符合目的的阅读方法。例如，在阅读读书馆的使用规则时，并没有必要阅读全文，只要找出自己所需的情报就好了。而在阅读报纸报道的时候，即使有不认识的单词，但只要不影响事实关系，也没关系。在读小说的时候也是边揣测作者的心情变阅读文章的吧。像这样，在阅读日语的时候，也试着采用符合目的的阅读方法。这样的话，不但可以增强自己在实践中的阅读能力，还可以提高考试中必要的阅读能力。

「听解」的对策

(下面的题目编号全部是第1回模拟试题的编号)

▶考试时的注意事项
　　听解考试和言语知识，读解部分的题目不同，是一题接一题的连续出题。所以即使上一道题没有听明白，也要立即调整心态，集中听现在播放的题目。

	解题目类型	答题纸上是否写了选项	会话开始前是否先播放问题	会话开始前是否有场景说明	会话开始前是否有阅读选项的时间
问题1	问题理解	○	○	○	×
问题2	要点理解	○	○	○	○
问题3	大意理解	×	×	○	×
问题4	即时应答	×	×	×	×
问题5	综合理解	○／×	×	○	×

■ 问题1 问题理解
　　这类是看你能否听出解决问题所需要的信息，理解下面一步该做什么的题目。因为会话开始前会先播放问题，这时要认真听题目，有重点的听下面的会话。
　　问题1，2，3是要边看选项的图，边选择要买和要搬的东西的题目。
　　要注意听关于各个选项的对话内容如何发展。1，3要选的不是1个，而是多个。所以遇到这样的题目，特别是如果出现「それから…」，「あと…」，「それと…」这类附加某些信息的表达方式的时候，要特别留意听。
　　对话内容是「委托」的情况下，要特别注意听含有「～てくれる?」，「～てくれないかな」，「～お願いします」，「～(し)て」这类请求的表达方式的对话。因为要注意即使是委托别人的情况下，请求的表达方式也有被省略的场合。

■ 问题2 要点理解
　　这类是从会话开始前播放的问题中能够抓住要点听的题目。这类问题除了在事前播放问题的题目之外，还会有读选项的时间。这就要从问题和选项来预测内容，抓住要点来听。
　　作答时，一定要选择题目问的内容的答案。有时候就算选项和会话内容一致，但也不一定是问题的答案。例如像第6题，由于问题问的是「先生が、特に大事だといっているのは何ですか」，所以要选择老师最为主张的内容。
　　而像1，2，5，是要回答理由的问题。要不听漏真正的理由，就要注意听对话内容的展开。像「実は」(其实)这样后面接重要内容的关键词，要特别注意听。
　　在第1题中，对于「一冊の値段で、3冊も注文できたのよ…なんか得した気分」这句话，选项里写的是「本を安く買えたから」。像这样，在选项中变换说法的情况也很多，要加以留意。

■ 问题3 大意理解
　　这类是看你是否理解了说话人的意图和主张的题目。虽然在会话开始前不播放问题，但会有简单的场面说明。仔细听他的说明，会有助于你推测内容。
　　比如1，2，4题，问题问的是会话是对什么在进

行说明。在综合听到的内容之后，再来总结会话的要点。反复出现的单词(＝关键词)也将是作答时的线索。第5题是问说话人的主张和意见的问题。要特别注意听「(私は)～と思います」这类阐述说话人主张和意见的部分的内容。

■ 问题4 即时应答

这类是看你是否能从简短的会话中选出正确答案的题目。这类问题在会话开始前既不播放问题，也没有场面说明。

应在日常生活中的日语对话中留意和学习习惯说法和固定短语（1,3,7,12）。如何回答别人的道歉与表扬，由于国家不同可能会有不同的表达方式，应加以注意。

像第6题「なかなか人が集まらなくて…」这样，后面的内容有被省略的情况。这就需要从「なかなか～ない」这样的表达方式和说话时的场景来对后面的内容进行推测 理解。另外，也有像第10题「伺いました」这样，含有敬语的问题。为了能做到一听就明白就需要事先做好复习工作。

■ 问题5 综合理解
▶推荐的学习方法

哪怕是少量，每天也要尽量听一点CD,让耳朵习惯。即使是同样的问题，反复听然后作解答很重要。在N2考试中，播放的语音速度，与日常生活中的语速很相近。因此，从日常生活中开始，留意新闻以及日常的日语对话很重要。就算遇到不懂的单词，也不要立刻查字典。要留意养成首先做猜测的习惯。而之后也不要忘记查它的意思和读音。对于听解这部分来说，增加词汇量是非常重要的。即使看着明白意思的单词，如果你不知道它的读音的话，对听解这部分来说完全没用。一定要把读音一起记，能够做到一听就明白意思。即使同样的内容也有不同的表达方式。其次，口语中也有发生音变的场合。不管什么样的表达方式，要能做到听到发音就能理解意思的话，不仅要记住同样意思的不同表达方式，还需要记住音变后的读音。

「언어 지식」의 대책

(아래의 문제 번호는 전부 1 회 모의시험의 문제 번호입니다)

············ 문자·어휘의 대책 ············

▶시험 시의 주의
① 전반부의 문제는 가능한 한 빨리 풀자
　「언어 지식」문제는 70 문제 이상 나옵니다 . 독해할 시간을 남겨두려면 전반부는 가능한 한 빨리 푸는 게 좋겠지요 . 선택지에는 많은 사람들이 잘 틀릴 것 같은 말이 나오므로 , 바른 용법을 알고 있어도 여러 번 보고 있는 동안에 헤매게 되는 경우가 있습니다 . 문자·어휘 문제는 시간을 들여서 푸는 것이 꼭 좋다고는 할 수 없습니다 . 후반에 시간을 남겨놓으려면 너무 시간을 들이지 말고 다음 문제로 가도록 합시다 .

② 의미나 용법을 생각하면서 문제를 읽자
　한자 문제는 밑줄 부분만 보고 해답을 찾는 사람이 있는데 , 이러한 방법은 그다지 권장할 수가 없습니다 . 문제를 읽으면 밑줄 부분이나 빈 칸의 의미를 추측할 수 있습니다 . 또 전후의 조사로 답을 알 수 있는 경우도 있습니다 . 즉 , 문제에는 힌트가 숨겨져 있는 것이지요 . 문제를 풀 때에는 밑줄 부분과 선택지만 보지 말고 , 의미나 용법에 주의해서 문제를 다 읽도록 합시다 .

▶추천 공부법
① 한자는 읽는 법과 단어를 같이 외우자
　한자를 익힐 때에는 다른 읽기나 그 한자를 쓰는 단어도 같이 외우도록 합시다 . 한자 문제는 다른 읽기가 선택지가 되는 경우가 많습니다 . 한자는 많이 알고 있을수록 점수가 오르니 꼭 정확하게 익혀서 득점 향상으로 이어갑시다 .

② 단어는 의미와 용법을 같이 외우자
　어휘 문제는 용법을 모르면 바른 답을 고를 수 없습니다 . 많은 단어를 암기하는 것 뿐만 아니라 , 어떤 때에 쓰는지 , 의미나 조사 , 상황 등도 같이 외우면 시험 성적도 좋아지고 실제로 쓸 수 있는 일본어 능력을 기를 수 있겠지요 .

············ 문법 대책 ············

▶시험 시의 주의
① 문제의 의미를 파악하자
　문법 문제에서는 정해진 형 (문형) 이 많이 출제되는데 , 밑줄 부분이나 빈 칸의 전후를 잘 읽으면 어떤 의미의 말이 들어가는지 알 수 있습니다 . 의미를 알면 풀 수 있는 문제도 많으므로 상황이나 필자의 기분 등에도 주의하여 문제를 읽도록 합시다 .

② 조사나 활용형에도 주의하자
　의미가 비슷해도 같이 쓸 수 있는 조사나 품사 , 활용형이 다른 경우가 있습니다 . 조사나 활용형이 힌트가 되어 풀 수 있는 문제도 많으니 , 문법 문제는 의미 뿐만 아니라 품사나 활용형에도 주의하여 풀도록 합시다 .

▶추천 공부법
① 연습문제집을 한 권 제대로 공부하자
　문법 참고서나 연습 문제는 많이 출판되어 있습니다 . N2 레벨 (또는 2 급 레벨) 의 연습문제집을 한 권 제대로 공부해서 기본적인 문형을 확실하게 익혀 둡시다 . 문법 문제는 문형을 정확히 익혀두면 확실히 득점으로 이어지고 , 연습하면 할 수록 빨리 풀 수 있게 되겠지요 .

② 실제로 문을 만들어 보자
　N2 시험에는 일상 생활에서 자주 쓰는 표현이 많이 나옵니다 . 연습문제를 푸는 것 뿐만 아니라 , 스스로 문을 만들어 봄으로써 쓰이는 상황도 이해할 수 있고 , 진정한 의미의 능력이 길러집니다 . 반드시 실제로 사용해 볼 것을 권장합니다 .

·········「독해」의 대책 ·········

▶시험 시의 주의
① 시간을 들이는 포인트를 정해 둔다
　독해 문제의 본문은 전반이 짧고, 후반이 길어집니다. 전반의 문제부터 확실하게 풀어갈 것인지, 끝까지 대충 훑어본 후에 천천히 생각할 것인지, 사람에 따라 자신 있는 방법이 다르겠지요. 다만 마지막에 시간이 없어서 당황하는 일이 없도록 계획적으로 시간을 쓰도록 합시다.

② 문제에 따라 읽는 방법을 바꾸자
　독해 문제는 본서의 문제 10과 같이 문장 전체의 의미를 이해하지 않으면 풀 수 없는 문제가 있는가 하면, 문제 12, 14와 같이 필요한 정보만 찾아 내면 되는 문제도 있습니다. 모든 문제를 한 자 한 자 다 읽어야 하는 것은 아닙니다. 출제된 문제에 맞추어 효율적으로 읽도록 합시다. (문제 번호는 모두 1회 모의 시험의 문제 번호입니다)

③ 지시어에 주의하자
　본문 중에서 지시어가 가리키는 내용을 모르면 문장 전체의 의미를 잘못 이해하게 되는 경우가 있습니다. 독해 문제에서 종종「それは何を指しているか」와 같은 문제가 나오는 것은 이 때문입니다. 지시어가 무엇을 나타내는지, 주의하면서 읽도록 합시다.

④ 같은 내용의 단어나 문에 주의하자
　필자는 문장 안에서 예를 들거나, 다른 말로 바꿔 말하거나, 요점을 정리하거나 하면서 전달하고자 하는 것을 알기 쉽게 설명하는 것이 보통입니다. 즉, 문장 안에서 여러 번 반복해서 언급되는 것은 필자가 전달하고자 하는 내용이라는 것이 됩니다. 시험에서 출제되는 것도 이 부분이 많으므로, 반복해서 언급되는 내용에 주목합시다.

▶추천 공부법
① 생생한 문장을 접해 보자
　지금까지는 교과서나 문제집 등, 학습자용 문장을 중심으로 읽어 온 사람도 많을 것입니다. 그러나 N2의 합격 기준은 일상 생활에서 사용되는 말뿐만 아니라, 신문, 잡지 등을 읽고 어느 정도 이해할 수 있는 레벨입니다. 다양한 문장 읽기에 도전해 봅시다.

② 목적을 정해서 읽어 보자
　모어로 읽을 때, 여러분은 목적에 맞게 읽을 것입니다. 예를 들면 도서관 이용 안내를 읽을 때 전문을 다 읽을 필요는 없습니다. 자기에게 필요한 정보만 찾으면 되고, 신문 기사를 읽을 때는 모르는 단어가 있어도 사실 관계를 이해하면 되는 것입니다. 소설을 읽을 때는 등장 인물의 기분을 느끼면서 읽겠지요. 이와 같이 일본어에도 읽는 목적에 맞는 읽기를 해 봅시다. 그렇게 함으로써 보다 실천적인 읽기가 가능하고, 시험에 필요한 독해력도 갖추게 될 것입니다.

「청해」의 대책

(아래의 문제 번호는 전부 1 회 모의시험의 문제 번호입니다)

▶시험 중의 주의점

청해 시험은 언어지식이나 독해와 달리 문제가 연달아 나옵니다. 앞의 문제를 모르더라도 기분을 바꾸어 방송에 집중합니다.

	청해타입	문제용지에 선택지가 쓰여져 있는지	시작하기 전에 질문을 들려 주는지	시작하기 전에 상황 설명이 있는지	시작하기 전에 선택지를 읽을 시간이 있는지
문제 1	과제이해	○	○	○	×
문제 2	포인트이해	○	○	○	○
문제 3	개요이해	×	×	○	×
문제 4	즉시응답	×	×	×	×
문제 5	통합이해	○／×	×	○	×

■ 문제 1 과제이해

구체적인 과제해결에 필요한 정보를 듣고 그 다음에 무엇을 해야 하는지 이해하고 있는가를 묻는 문제입니다. 시작하기 전에 질문이 나오므로 질문 내용을 잘 이해한 후 들어야 할 부분에 초점을 맞추어 듣는 것이 좋습니다.

문제 1, 2, 3 은 선택지의 그림을 보면서 살 물건이나 옮길 물건 등을 고르는 문제입니다. 각각의 선택지에 관련된 대화의 전개에 주의해가며 듣습니다. 1, 3 은 고르는 물건이 하나가 아니라 복수입니다. 이같은 문제에서는「それから…」,「あと…」,「それと…」등과 같은 부가표현이 나오므로 특히 주의해서 듣습니다.

회화의 내용이「의뢰」인 경우「~てくれる？」,「~てくれないかな」,「~お願いします」,「~(し)て」등과 같은 의뢰표현을 포함하는 발화에 주의해서 듣습니다. 의뢰를 부가하는 경우에는 의뢰표현이 생략되는 경우도 있으므로 주의합시다.

■ 문제 2 포인트이해

시작하기 전에 제공되는 들어야 할 부분을 잘 생각한 후 초점을 맞추어 청취할 수 있는지를 묻는 문제입니다. 이 문제에서는 시작 전에 질문을 들려 줄 뿐 아니라 선택지를 읽을 시간이 있습니다. 질문과 선택지를 통해 내용을 예측한 후 들어야 할 포인트를 잘 맞추어 듣는 것이 좋습니다.

해답 시에는 반드시 질문에 대한 대답을 고릅니다. 회화의 내용과 선택지의 내용이 일치해도 질문에 대한 답이 아닌 경우도 있습니다. 예를 들면 6 에서「선생님이 특히 중요하다고 하고 있는 것은 무엇입니까?」라는 질문이므로 선생님이 가장 강조하고 있는 것을 선택하지 않으면 안됩니다.

1, 2, 5 는 이유를 묻는 문제입니다. 바른 이유를 놓치지 않도록 이야기의

전개에 주의해서 듣도록 합니다.「実は」(실은) 처럼 그 다음에 중요한 내용을 이야기하는 키워드 다음은 특히 주의해서 듣는 것이 좋습니다.

1 에서「1 冊の値段で, 3 冊も注文できたのよ…なんか得した気分」라는 발화에 대해 선택지에는「本を安く買えたから」라고 쓰여져 있습니다. 이

처럼 선택지에서는 표현을 바꾸는 경우도 많으므로 주의합니다.

■ 문제 3 개요이해

　화자의 의도나 주장 등을 이해할 수 있는지를 묻는 문제입니다. 시작하기 전에 질문을 들려주지는 않지만 간단한 상황 설명이 있습니다. 잘 듣고 예측해 봅시다.

　1, 2, 4는 무엇에 대해 기술하고 있는지를 묻는 문제입니다. 들은 내용을 종합해 이야기의 요점을 생각하도록 합니다. 반복해서 나오는 단어(=키워드)도 해답 시의 힌트가 됩니다. 5는 화자의 주장이나 의견에 대해 묻는 문제입니다.「(私は)～と思います」처럼 화자의 주장이나 의견을 기술하는 부분에 특히 주의해서 듣도록 합니다.

■ 문제 4 즉시응답

　질문 등의 짧은 발화를 듣고 적절한 응답을 선택할 수 있는지를 묻는 문제입니다. 시작하기 전에 질문을 들려주지도 않으며 상황설명도 없습니다.

　상용 표현인 인사(1, 3, 7, 12)는 평소에 일본어의 대화를 주의해서 들어두는 것이 중요합니다. 사죄 표현이나 칭찬받았을 때의 응답은 나라마다 다른 경우도 있으므로 주의하도록 합니다.

　발화에서는 6「なかなか人が集まらなくて…」처럼 뒷 부분이 생략되는 경우가 있습니다.「なかなか～ない」라는 표현이나 발화의 상황으로 뒷 문장을 추측해가며 이해하도록 합니다. 또 10의「伺いました」처럼 경어를 포함하는 문제도 있습니다. 듣고 바로 이해할 수 있도록 복습해 두는 것이 좋습니다.

■ 문제 5 통합이해

　여러가지 정보를 비교·통합해가며 내용을 이해할 수 있는지를 묻는 문제입니다. 질문을 들려주지는 않지만 간단한 상황 설명이 있습니다. 잘 듣고 예측해 봅시다. 예를 들면 3에서「メニューの説明をしています」라는 상황 설명과 문제용지에 쓰여져 있는 선택지를 통해 지금부터 각각의 선택지에 대한 설명이 있을 것 예측할 수 있습니다. 선택지의 설명을 메모해 가며 듣는 것이 좋습니다. 질문 내용을 전혀 예측할 수 없는 경우는 처음에 제공되는 장면 설정을 잘 이해한 후 포인트가 될 것 같은 것을 메모해가며 이야기의 내용을 이해하도록 합니다.

▶추천 공부법

　매일 조금씩 CD를 듣고 익숙해지도록 합니다. 같은 문제라도 반복해서 푸는 것이 중요합니다. N2에서는 자연스러운 스피드의 음성이 나옵니다. 뉴스 등 평소 일상생활에서 접하게 되는 일본어 음성을 듣는 것도 중요합니다. 잘 모르는 단어가 있어도 바로 사전을 찾지 말고 먼저 추측하도록 유념합니다. 그 다음에 의미와 읽는 법을 확인하는 것도 잊지 않도록 합니다. 어휘를 늘리는 것은 청해에 있어 매우 중요합니다. 보면 의미를 아는 한자라도 읽는 법을 모르면 청해에서는 전혀 도움이 되지 않습니다. 반드시 읽는 법도 같이 익혀서 음성으로도 이해할 수 있도록 합니다. 같은 내용이라도 여러 표현이 있습니다. 또 구어에서는 발음이 변하는 경우도 있습니다. 어떤 내용이나 발음을 들어도 이해할 수 있도록 같은 의미의 환언 표현이나 음이 변화한 형태는 같이 익혀두도록 합니다.